Höhlenfrauen

10.12.07

Für Simone!

Alles Liebe + viel Spaß
bei lesen

Gertraud Klemm
Höhlenfrauen

2006
Mille Tre Verlag Robert Schächter, Wien

Gertraud Klemm
Höhlenfrauen
ISBN 3-900198-10-1

© 2006 Mille Tre Verlag Robert Schächter, Wien – www.milletre.at
Bibliothek Ungewisses
Alle Rechte vorbehalten

Layout/Satz: Robert Schächter
Umschlaggestaltung: Judith Fegerl,
unter Verwendung einer Zeichnung der Autorin
Druck: Börsedruck GmbH., Wien

Für meinen Vater

Inhalt

Höhlenfrauen

Schön eine Karotte nach der anderen, denkt sie. So wie alles im Leben: Stück für Stück, Tag für Tag, Meter für Meter. Judith schält die Karotten und wirft sie in eine Schüssel mit Wasser; Sabine steht neben ihr und schneidet sie in Scheibchen. Judith verkneift sich, ihr zu sagen, dass sie Karotten eigentlich nur in Stiftchen essbar findet. Karotten in Scheiben, das ist und bleibt Kinderfutter. Als Kleinkind hat sie es schon nicht leiden können, Karotten mit Erbsen, Petersilie und eine Prise Zucker. Und dann erwischte sie sich eines Tages selbst dabei, wie sie ihren Kindern ebendiesen Fraß vorsetzte: Karotten mit Erbsen, Petersilie und einer Prise Zucker, dazu gekochte Erdäpfel und das *Wäh*-Gesicht ihres Zweijährigen.

Da war es wieder, das Gefühl, vom Leben im Kreis geschickt zu werden, von einer unerträglichen Gewohnheit zur nächsten, von einer Generation in die andere. Lauter kleine Teufelskreise: Das Leben macht sich einen Spaß daraus. Nicht umsonst sind in der Trafik die Kondolenzkarten neben den Billets für die Geburtsglückwünsche zu finden; weil die Geburt der Anfang vom Tod ist, das mag zwar geschmacklos sein, ja, aber treffend.

Sabine schneidet gleichmäßig und konzentriert, alle Scheiben sind gleich dick, es scheint, als würde sie doch tatsächlich darauf Wert legen. Die pedantische Sauberfrau. Wenigstens wischte und klopfte Judith nicht fortwährend an ihren Kindern herum, so wie es Sabine ständig tat. Eine alte Mütterpest, dieses fleckfrei Reinigen der Kinderkörper.

In unserer Generation haben die Feuchttücher Stellung bezogen, wo früher ein angespucktes Taschentuch herhalten musste. Judith erinnert sich genau daran, dass, wenn ihre Mutter ihr einen Schokoladefleck von der Wange rubbelte, dann immer so ein leicht säuerlicher Speichelgeruch aufgestiegen war, nicht wirklich grauslich, aber irgendwie zu intim im Gesicht. Mütter taten solche unsäglichen Dinge, geblendet von dem Irrglauben, ihre Kinder wären externe Körperteile, denen man alles zumuten konnte, was man selbst auch gerade noch ertrug. Mütter glaubten, weil ihnen nicht vor den Kindern grauste, wäre es umgekehrt ebenso. Mütter waren wie von einem anderen Planeten. Judith war selbst mit einer Art distanziertem Entsetzen aufgefallen, wie mechanisch und phlegmatisch sie oft plötzlich ohne Vorwarnung die von ihrem Sohn eingespeichelten, halbaufgegessenen, schlatzigen Kekse in ihrem eigenen Mund entsorgt hatte. Sie beutelt den Gedanken schnell ab; er macht ihr Angst vor sich selbst.

Die beiden Männer sitzen schweigsam vor dem Kamin, der wohlig prasselt, endlich, nach drei missratenen Versuchen, ihn anzuheizen, mit allem drum und dran, beißender Rauchentwicklung, schlimmen Flüchen und einer Unmenge von Zeitungspapier. Der würzige Geruch und das unvermeidbare Brennen in den Augen zeugen noch davon. Die Ruhe ist trügerisch; gespannt werfen Peter und Klaus in Halbminutenabständen Kontrollblicke ins Feuer um sich dann wieder zufrieden ihrer Zeitungslektüre zu widmen.

Klaus macht einen auf intellektuell und tut so, als würde er die FAZ lesen, wohl, um Peter zu beeindrucken; in Wirklichkeit starrt er wahrscheinlich nur Löcher ins Papier und freut sich schon darauf, damit das nächste Feuer entfachen zu können.

Da ist Peter schon glaubwürdiger: ein Einfaltspinsel, der vertieft in der Autobild liest. Stimmig. Andererseits, schade um das gute, gesunde Gehirn, das Gott ihm gegeben hat; seit Jahrzehnten wurde es ja doch nur mit persönlichem Kram, Autotests und technischen Banalitäten zugerammelt wie ein Kellerabteil.

Judith lenkt ihren Blick zurück zu den Karotten und schüttelt den Kopf.

Seit die Menschen die Höhlen verlassen, ihre Sprache entwickelt und die Zivilisation aus der Taufe gehoben haben, hat sich nicht viel getan, und hier, in dieser Hütte ist das noch greifbarer. Es stinkt nach Feuerstelle, ihre Augen brennen vom Rauch, die Männer schlagen sich auf die Brust wie Gorillas für das tolle Feuer oder die gescheite Zeitung, und die Frauen stehen da und bereiten devot Nahrung zu. Judith kann sich das *Damals* so richtig gut vorstellen: halbnackt und schmutzig, in Leder und Felle gehüllt, mit archaischem Werkzeug auf dürre Wurzeln und flachsige Fleischstücke einschlagend, die zottigen, langen Kopfhaare ins Essen hängend, die Männer über und über mit schwarzen Haaren bewachsen, die Frauen mit tüchtig Damenbart und riesigen, ausgelaugten Brüsten, wie die alten Afrikanerinnen. Fehlte nur noch ein Haufen vor Dreck starrender Kinder, die unter lautem Affengeschrei an ihren Beinen hängen.

Die aber kauern gerade vor dem winzigen Fernseher, im Bann von Bart und Lisa Simpson, Zeichentrickfiguren, die gerade ebenfalls vor dem Fernseher sitzen und Zeichentrickfiguren betrachten, Itchy und Scratchy. So viel nutzloses Wissen ist in Judith, dass sie sogar deren Namen weiß.

Sabine und Judith trinken abwechselnd Schilcher aus einem Weinglas, es ist das einzige, das sie hier, in dieser *urigen* Hütte in der Weststeiermark, finden konnten. Ansonsten gibt's nur wiederverwertete, kitschig gemusterte Nutellagläser. Sorgsam achten die beiden darauf, dass sich ihre Lippenabdrücke nicht kreuzen, jede hat ihre eigene kleine Markierung. Judith will gar nicht wissen, wie Sabine sie ansehen würde, wenn ihr da ein Missgeschick widerfahren würde. Sie macht größere Schlucke als Sabine, aber das darf sie, denn sie ist um einen halben Kopf größer als Sabine und um gute 20 Kilo schwerer.

Sabine ist blond und zart und hat Oberärmchen wie dürre Zweige, bei Judith ist alles genau andersrum, und natürlich wäre es ihr lieber, in dem anderen Körper zu stecken. Beim Trinken verdreht sie die Augen in Richtung Feuer und Männer. Peter starrt sie über den Rand der Autobild an, und, als sich ihre Blicke finden, löst das bei ihm eine in Richtung Türe weisende Kopfbewegung aus, die sich ein paar Mal wiederholt, teils mit gehobenen Augenbrauen, für den Fall, dass sie begriffsstutzig ist.

Was nicht der Fall ist. Später, heißt das. Außerehelicher Geschlechtsverkehr. Dort, bei der Türe, bei der erstbesten Gelegenheit. Das kann sein: heute Nacht, wenn unsere Ehepartner und der Nachwuchs schlafen, hastige Unzucht, im Vorraum oder sogar im Freien, dann mit scharfem Luftzug um die Genitalien. Oder, unter besonders günstigen Vorzeichen, morgen Vormittag, wenn es gelingen sollte, sich mit fadenscheinigen Argumenten (Knieschmerzen, ausständige Besorgungen im Ort) vor dem Rodeln mit den Kindern zu drücken, was unwahrscheinlich ist, aber für ihre mit steigendem Alter empfindlicher werdenden Unterleibe klimatisch günstiger wäre.

Peter findet Judith rassig, das sagt er zumindest, wenn er nach ihren Hüften greift und sie unter anerkennendem Brummeln ins Fleisch zwickt. Sie fürchtet, dass das in Wirklichkeit kein Kompliment ist. Rassig, das impliziert ja die Zugehörigkeit zu einer anderen, weniger feinen, dem Tierreich näherstehenden Rasse, einer, mit der man dunkle, gesträubte Locken, breite Hüften, reichlich Körperbehaarung, Schweißgeruch, dicke Waden und kräftige, slawische Gesichtszüge assoziiert. Verwaschenes Erbmaterial, unedel, aber triebhaft.

Mit Liebe hat das mit Peter und ihr rein gar nichts zu tun. Mit Lebendigkeit schon eher. Bewegung, nicht Tod. Früher dachte sie immer, mein Gott, Untreue, das war's dann, der Superlativ ehelichen Unglücks. Jetzt aber weiß sie, das Schlimmste liegt schon hinter ihnen, nämlich der statische Alltag MutterVaterKindKind mit der Aussicht auf weitere geronnene 40, 50 Jahre ohne andere Perspektiven, außer vielleicht Enkelkinder, Krankheit und Tod. Judith und Peter sind dem entronnen, dank ihres Verhältnisses, das sie sich aus praktischen Gründen vor vier Jahren im Freundeskreis eingerichtet hatten. Beide haben nur ein wenig schlechtes Gewissen, zumindest behaupten sie das. Sabine ist völlig ahnungslos, bei Klaus ist sich Judith nicht so sicher, ob er es weiß, aber nur zu bequem ist, es zu erwähnen oder gar ändern zu wollen. Dass das so folgenschwer sein muss, ein bisschen Abwechslung in die Beziehung zu kriegen? Naja. Die Karotten sind geschält, Judith bricht kurz aus der Höhlenmenschenroutine aus und fragt Klaus, ob er ihnen einen anderen Wein aus dem Keller holen kann. Quälend langsam wie ein Küken aus einem Ei taucht er aus der von seiner Zeitung gefangenen Aufmerksamkeit hervor, dabei geht nix weiter, bis er endlich eine Reaktion zeigt, in Form eines entnervten Augenverdrehens.

„Habt ihr den Schilcher schon ausgesoffen?" Hässliche Wortwahl, schöne Aussprache, wie so oft.

„Bald", erklärt sie, sieht ihn kühl und analytisch an, wie er sich aus der Couch quält, als würde er von Tentakeln zurückgehalten, und fragt sich, wann sie das letzte bisschen Achtung voreinander verloren haben.

Peter, der schneller reagiert hat, verschwindet wieder hinter der Zeitschrift, tut, als würde er nichts hören und sehen. Wenn er könnte, würde er sich jetzt die Ohren zuhalten und die Augen zusammenkneifen. Was für ein schrecklicher Zug an ihm. Schnell sieht Judith weg, bevor ihr das so unsympathisch wird, dass sie nicht mehr mit ihm Unzucht treiben kann. Unzucht, das klang gar nicht so schlimm, nicht züchten, war ja ganz klar, dass man beim sündigen Fremdgehen keine Fortpflanzung beabsichtigt, oder?

Die Karottenscheibchen sind jetzt alle im Topf, die Fleischlaberln brutzeln in der Pfanne. Sabine rührt in einem Fertigpüree und deutet Judith, dass sie das Essen alleine weitermachen will. Irgendetwas habe ich falsch gemacht, denkt sich Judith, zieht sich eine Jacke an und geht vors Haus, eine rauchen.

Draußen ist es mäßig kalt und neblig, es *feichtlt*, sagt man bei uns im Osten, und ein mittelmäßiger Sternenhimmel spannt sich über das weststeirische Hügelland. Die Temperatur verheißt nichts Gutes; man wird morgen auf noch höhere Lagen ausweichen müssen, um die Kinder mit schneegebundenen Aktivitäten zu unterhalten und müde zu kriegen. Die zwei Buben stammen von Klaus und Judith, ein Mädchen von Sabine und Peter. Das Mädchen hat nichts von Peters Genen abbekommen, irgendwie sieht sie Klaus ähnlich, und das, obwohl es doch eigentlich Peter und Judith sind, die das Verhältnis miteinander haben.

Aber diese Ähnlichkeit ist nur eine weitere Watsche von Mutter Natur, vom Leben, von Gott, in einem Wort, von *da oben*. Man muss nicht gottgläubig sein, um das Schicksal persönlich zu nehmen. *Da oben* muss nicht einmal irgendeine Religion sein, es reicht, seinen Instinkten freien Lauf zu lassen. Etwas geht schief, und man ist schon mal nicht mehr fröhlich. Wie wir alle beim Anblick dieser Schneelosigkeit hier, denkt Judith: Wir kamen an, sahen die Landschaft in schmierigem Sepia und unsere Gesichter wurden starr. Dann kam noch etwas dazu, so, wie das unzureichende und noch dazu schlecht abgewaschene Geschirr in den fettigen Küchenkasteln. Judith sah, befühlte, und spürte ihre Mundwinkel schwer nach unten ziehen. Den Rest besorgte dann das hektische Feuermachen, das Rauch, Erwachsenenstreit und Kindergeplärr erzeugte, statt Wärme und Heimeligkeit. Spätestens ab drei aneinandergereihten Misserfolgen nimmt Judith es persönlich, deutet Verschwörung. Ob die Höhlenfrauen der Steinzeit ähnliche Gedanken gehabt haben? Wahrscheinlich. Das Feuer hat damals schon geraucht, und Männer und Kinder haben immer schon gewollt, gewollt, gewollt und bekommen.

Judith zündet sich noch eine Zigarette am fast ganz heruntergebrannten Stummel an. Schnell noch eine Zweite, dann sollte sie wieder rein. Diese vier Minuten stiehlt sie sich aus der Familienzeit und sieht noch mal in den Himmel. Wie schön muss das gewesen sein, nichts über die Unendlichkeit des Universums, die Planeten, den Urknall zu wissen, sondern einfach ohne Erklärung zu leben, mit festen Begrenzungen, drinnen und draußen, oben und unten, Sommer und Winter, Hunger und Sättigung, Leben und Tod. Gebückt und zitternd vor Angst bei Gewittern in die Höhle zu kriechen, ganz Instinkt und nichts von elektrischen Ladungen wissend, nicht mal „Suche die Buche" und „Meide die Weide", gar nichts, nur nackte Ehrfurcht und das Wissen, klein und machtlos zu sein.

Heute gehört es zur Allgemeinbildung, sich fremde Dimensionen in Blasen und Achterschlaufen vorzustellen, so wie es uns ein sprachloser Krüppel im Rollstuhl mit seinem langsam tippenden Zeigefinger lehrt. Judith hasst dieses gescheite Dahergerede über Raum, Zeit und Universum. Wie

Insekten erschienen ihr die Menschen, halbwissend, sich allumfassende Erkenntnis anmaßend. Mathematiker und Astronomen haben die Magie des Nachthimmels kaputt geforscht und gerechnet. Alles ist entzaubert, das Firmament ein Tor zum Nichts, die Sterne vor Milliarden Jahren explodierte Sonnen, eingebettet in ein kaltes, dunkles Vakuum, mit unendlich vielen unsinnigen, toten Planeten dazwischen wie Fettaugen.

Judith schnippt die Zigarette auf die Straße und geht wieder hinein. Das Essen steht schon am Tisch, die Kinder werden soeben vom Fernseher losgeeist und lassen sich nur widerwillig zum Essen zerren. Die Höhlenkinder wären sicher dankbarer gewesen für ein gutes, warmes Abendessen mit Fleisch. Endlich sitzen alle bei Tisch, sieben, es ist eng. Judith isst ein wenig Püree, sie traut sich nicht, mehr zu nehmen. Das Essen ist zu knapp bemessen, Sabine hat eingekauft – kein Wunder, dass sie und das Mädchen so zart und blass sind.

Müsste man zu den Kindern ihre dazugehörigen Eltern erraten, würde jeder behaupten, die Buben wären von Peter und Judith und das Mädchen – im Gegenzug – von Sabine und Klaus. Die drei sind vom gleichen Schlag, mager, blass, kühl, appetitlos, bescheiden und resistent, wenn es um Suchtmittel, Zucker und Fett geht. Klaus erinnert an den Prototypen eines Dichters der Jahrhundertwende, manchmal sieht sie ihn vor sich als wortkargen Lyriker mit Brillen und dünnem Haar, der bestimmt jung an spanischer Grippe oder Schwindsucht gestorben wäre. Sabine und ihre Tochter sind von zeitloser Reizlosigkeit, am besten werden sie beschrieben, indem man ihre Mängel aufzählt: kein bisschen Farbe, Fülle, Glanz und Kraft. Die Gene ihres Vaters sind gut verborgen, zeigen sich vielleicht ab und zu in Mimik und Gestik. Peter ist klobig und gedrungen, von rechteckiger, bulliger Statur. Ein Körper, unter dessen Last Sabine zu zerbrechen droht, wenn man sich die beiden miteinander im Bett vorstellt. Er hat rotes, borstiges Haar wie ein böser Gnom. Kein Wunder, dass Judith ihn attraktiv findet: Er ist Klaus' Negativ.

Judiths und Klaus' Buben sind wild, fleischig, unmusisch. Deine Gene, sagt Klaus immer dann trocken, wenn die beiden wie eine Büffelherde durch die Wohnung trampeln, schlechte Noten heimbringen oder schon wieder etwas kaputt gemacht haben. Recht hat er. Wer weiß: Vielleicht entwickeln sie sich noch in die andere Richtung, oder es taucht ein bisschen Klaus bei ihren Enkelkindern auf, trotzige DNA-Stückchen, die sich unter der dominanten Fülle alle paar Generationen hervormendeln trauen.

Das Essen wird abgetragen, die Kinder haben unappetitliche Reste an die Tellerränder geschoben, vor allem die Karotten wurden verschmäht. Judith trinkt Wein gegen den Hunger und wäscht im Gespann mit Sabine ab. Die Kinder werden ins Bett geschickt, sie verlangen lauthals nach einer Geschichte und Judith beauftragt Klaus mit einer Kopfbewegung, diesen Part zu übernehmen. Gehorsam verschwindet er im Kinderzimmer, wo bald seine Ö1-Kulturbeitragsstimme durchsickert. Diese Stimme, es gab Zeiten, da bekam Judith Gänsehaut, so schön fand sie sein Sprechen. Jetzt ist es eine Selbstverständlichkeit geworden, seine Stimme halt, sein Kapital, sein Job.

Vor ihnen liegt noch ein ganzer Abend, der rumgebracht werden will.

Peter und Judith wollen Karten spielen, Viererschnapsen, Pokern oder Mau Mau, aber Sabine hat es sich schon mit einem Lyrikband vor dem Kamin gemütlich gemacht, ihre knochigen Extremitäten unter einer Decke zusammengefaltet wie eine Fledermaus, die sich zum Schlafen zurechthängt. Moderne Lyrik, reimlose Verse aus sperrig konstruierten, auftoupierten Wortgebilden, von denen Menschen wie Judith und Peter Kopfweh bekommen. Sabine steckt ihre spitze Nase fast zwischen die Seiten, sieht aus als wär's Zeit für eine Brille. Sie liest kurz und schließt die Augen, wohl, um die Worte wirken zu lassen. Klaus kommt aus dem Kinderzimmer, nimmt mit erschreckender Selbstverständlichkeit gegenüber von Sabine Platz und greift nach seinem Sachbuch über philosophische Theorien. Peter wirft Judith einen fragenden Blick zu, sie zucken die Achseln und schnapsen ein paar Runden, er gewinnt fast alles, was ihn jedoch nicht zu befriedigen scheint. Um halb elf beginnt er zu gähnen, es ist ansteckend, Judith, dann Sabine und zuletzt Klaus fallen ein in das Konzert der Schläfrigkeit. Sie alle lächeln, als sie es bemerken, kapitulieren und gehen zu Bett.

Das Einschlafen verläuft trotz der papierdünnen Wände ohne weitere Hindernisse – das eheliche Sexualleben wird hier aus Rücksicht ausgespart – es gibt kein Lärmen, keine Gespräche, keine quietschenden Betten, nur einvernehmliches Ruhen.

Judith erwacht gegen drei Uhr aus einem ärgerlichen Traum mit Klaus und den Buben in den Hauptrollen, wirft sich im Bett hin und her, aber der Schlaf entzieht sich ihr immer im letzten Moment. Sie wird ungeduldig, fast zornig, steht auf, schleicht über die knarrenden Stufen zuerst in die Küche, wo sie Wasser trinkt, dann ins Wohnzimmer. Das Feuer ist ausgegangen, sie nimmt dort Platz, wo Sabine gesessen ist, greift nach dem Lyrikband. Unter dem Band liegt ein dünnes Heftchen, scheinbar selbstgemacht, A5, in der Mitte zusammengeklammert, keine Deckelbeschriftung. Sie nimmt es verwundert. Ist es von Sabine? Irgendwo schlägt sie es auf und beginnt zu lesen:

Du und ich

fremde flügel im dunkeln
rascheln leise
licht macht wach
Vorerst

fleisch verboten
in stille gegeben
und doch so süß
Später

will mich begnügen
mit dem warteraum
zum paradies
so lange

Fleisch verboten, In Stille gegeben. So etwas Saublödes hat sie schon lange nicht mehr gelesen. Was sich diese Dichter herausnahmen. Wer weiß, vielleicht stammen die Verse ja aus Sabines Feder? Knarren auf den Stufen verrät eine weitere, nachtaktive Person. Vor dem Aufblicken weiß Judith schon, dass es Peter ist, der ins Wohnzimmer kommt. Er verschmilzt mit der rustikalen Romantik der Hütte – ihrer Holzvertäfelung und den rotweiß karierten Vorhängen, dazu passend seine Holzfällerstatur und die rosigen Bäckchen: Heimatfilmfarben und -formen im Überfluss.

Er nickt ihr zu und bleibt vor ihr stehen. „Schläft Sabine?", fragt Judith, unnötig, natürlich schläft sie, sonst wäre er ja nicht hier.

Er nickt und streckt die Hand nach ihr aus. Kein Wort zuviel. Peter ist ein Mann der Tat. Ihre Unzucht findet kaum in Wohnräumen statt, sondern oft im Freien oder zumindest im Vorraum. Es sind stumme Regeln, die nie ausgesprochen werden, absolut und unumstößlich wie Naturgesetze: niemals zu

Hause, kein Wort zu den Ehepartnern, keine Telefonate, keine artikulierten Gefühle.

Peter führt sie an der Hand in den Vorraum, dabei ist es doch nicht so kalt draußen, knapp über Null, schätzt Judith. Er ist gierig, drückt sie an die Wand, schnauft, zieht hartnäckig an ihrer und seiner Turnhose, Hausmeistersex, denkt sie plötzlich. Aber Peter will etwas Unkonventionelles heute, eine Nummer im Stehen, ach so, neuneinhalb Wochen, der Film ist auch schon fast 20 Jahre alt.

Judith spürt Widerwillen in sich aufsteigen, sie will keine Zirkusakrobatik, für wen denn, niemand sieht ihnen zu und sie ist nicht so schön und geil wie Kim Basinger. Während Peters Hände fahrig über ihren halbentkleideten Körper tasten, denkt sie darüber nach, ob sie mitspielen soll. Als Höhlenfrau der Steinzeit hätte sie dieses Theater gar nicht nötig. Damals gab es sicher keine Ehe, keinen dazugehörigen Ehebruch, einfach jeder mit jedem, und wenn es doch einmal Besitzansprüche gegeben haben sollte, wurden die sicher unter lautem Gebrüll im Zweikampf geklärt.

Für Peter war das jetzt genug Vorspiel, er hebt sie an, ein unterdrücktes Schnaufen entweicht seiner Nase und verrät, dass 80 Kilo auch für ihn ganz schön viel sind. Ihre wuchtigen Pobacken werden gegen die groben Holzplanken gedrückt, sie kann fühlen, wie das Fleisch flach gepresst wird, seine Oberfläche größer wird, es sieht wahrscheinlich aus wie ein Kindergesicht, das sich an eine Glasscheibe drückt.

Ein lautes Knacken aus dem Wohnzimmer lässt die beiden erstarren. Peter erschrickt so sehr, dass er den Griff um Judiths Hüften lockert, sie entgleitet seinen Händen und rutscht der Wand entlang abwärts, mitten in einen Schmerz hinein, der von ihrer rechten Pobacke direkt in den Magen fährt.

Irgendwo zwischen Schmerz und Panik stöhnt Judith und beugt sich nach vor, beobachtet Peter, der späht alarmiert durch die Glasscheibe ins Wohnzimmer, atmet auf, falscher Alarm, flüstert er, das alte Holz. Er lenkt seine Aufmerksamkeit wieder auf Judith, die erleichtert den Kopf fallen lässt und sich ganz ihrem Schmerz hingibt.

„Was ist passiert?", flüstert er.

„Ich glaube, ich hab mir einen Schiefer in den Hintern eingezogen", antwortet sie leise.

Er beginnt zu kichern, heiser und fast lautlos, und beinahe hätte sie mitgelacht, viel hätte nicht gefehlt, aber dann besinnt sie sich ihrer Situation, die an Demütigung nicht zu übertreffen ist. Mit immer noch runtergelassener Hose hockt sie da, als würde sie hier auf den Vorzimmerboden urinieren, die Hand an der glühendheißen, schmerzenden Stelle, die sich anfühlt, als hätte ihr jemand einen frisch gespitzten Bleistift in den Hintern gerammt. Und Peter, der dafür verantwortlich ist, lacht über sie, anstatt ihr zu helfen oder sich der Konsequenzen bewusst zu sein. Wie, bitte, erklärt sie das Klaus? Sie sieht langsam an Peter hoch, steht abrupt auf und gibt ihm eine leichte Ohrfeige, fast wie ein Streicheln. Sein Lachen endet so plötzlich, wie es begonnen hat, er ist gar nicht böse, reibt sich nur etwas verwundert die Wange.

„Lach nicht so deppert", zischt Judith. „Es tut schrecklich weh. Klaus wird mich fragen, was das ist. Und warum ich nicht sitzen kann. Du musst mir das rausholen."

Peter nickt und sieht sich um nach geeignetem Werkzeug. Neben Sabines Schal liegt eine Sicherheitsnadel. Er nimmt sie zur Hand, öffnet sie, prüft die Spitze und zuckt mit einem leisen Fluch zurück. „Spitz genug", kommentiert er.

Aufgrund der Verfänglichkeit der Position bleiben sie im Vorzimmer. Während Judith sich mit entblößtem Hinterteil über Peters Knie legt, denkt sie darüber nach, was sie tun würden, falls Sabine, Klaus oder eines der Kinder vom Licht angelockt ins Vorzimmer platzen und Zeugen dieser Operation würden. Jede Erklärung wäre überflüssig. Während Peter mit der Nadel kleine Hautstückchen aufbohrt oder reißt, gibt er beruhigende Kommentare ab wie „das hamma gleich" oder „ist eh nicht so schlimm." Man merkt, dass er der Schieferentferner der Familie war.

In Judiths Familie erledigt das Klaus; er hat die ruhigere Hand und ist grausamer. Man muss für diesen Job ein bisschen grausam sein, Schreie ignorieren können, die Kinderhände festhalten, die sich im Schmerz entziehen wollen und mit an Sturheit grenzender Konsequenz weiterstochern, bis der Span entfernt ist. Judith ist froh, dass Peter sie wie ein Kind behandelt, und sie wimmert und raunzt, wenn auch leise, Tränen laufen ihr über die Wangen, der Schmerz ist überdimensioniert, die Sicherheitsnadel fühlt sich groß an, wie ein Schürhaken. Irgendwann stößt Peter einen kleinen, triumphierenden Schrei aus, und sie wendet den Kopf, um den Missetäter sehen zu können, den er ihr gleich wie eine Belohnung für ihre Tapferkeit vor die Nase hält. Es ist nur ein winziges Stücken Holz, sie nimmt es zwischen die Finger, dreht es und betrachtet es, bevor sie wieder aufsteht und sich anzieht.

„Danke", sagt sie leise.

Er nickt, sie verlassen den Vorraum, er tätschelt ihre Schulter, sie wünschen einander eine gute Nacht, dann geht er ins Bett. Judith bleibt allein zurück, der Schmerz wird immer schlimmer, ihre rechte Pobacke pocht, ihr fällt eine besonders grausame Szene aus Tom und Jerry ein, wo Tom ein Container auf den Fuß fällt, der sich dann zu einem tomatenartigen, pulsierenden Etwas aufbläht.

Desinfektion, schießt es ihr ein, sie sucht nach Desinfektionsmittel, findet keines, sucht nach Schnaps, findet keinen, schließlich fällt ihr Blick auf die halbleere Weinflasche. Sie befeuchtet ein Taschentuch damit, schiebt ihre Hose hinunter und legt den Lappen auf die Wunde. Seufzend schenkt sie sich ein Glas ein, bleibt in der Küche stehen und denkt nach. Die Szene im Vorraum hat einen üblen Nachgeschmack hinterlassen, nicht so süß-verdorben wie sonst, sondern richtig abstoßend. Die Affäre war unwürdig und obsolet geworden, eine weitere, lästige Pflicht in ihrem Leben. Das mit Peter war vorbei, schon lange. Heute, bevor der Schiefer ihr Liebesspiel unterbrochen hatte, war sie versucht gewesen, ihm zu sagen hör auf, das hat keinen Sinn mehr, lass mich. Fast geekelt hatte sie sich vor ihm. Es war an der Zeit, Klaus wieder eine Chance zu geben. In fast allen ihren befreundeten Familien gab es irgendwann einmal Affären – die meisten gingen zu ihren Ehepartnern zurück. Wenn die Kinder aus dem Gröbsten heraus waren, gab es wieder Platz zwischen Mann und Frau. Raum. Zeit, die gefüllt werden kann, will. Beginnen kann man ja mit Kino. Gleich morgen wird sie Klaus mit einem Kuss wecken, oder besser, heute Nacht noch. Peter würde nicht sehr bestürzt sein. In Wirklichkeit war es auch völlig egal.

Das Gefühl der Wende macht ihr Angst. Sie beschließt, es wieder mit Schlaf zu versuchen. Auf dem Weg aus dem Wohnzimmer kommt sie noch einmal an dem Lyrikheftchen vorbei, setzt sich, hebt es auf, sieht jetzt, dass es alt und zerlesen ist. Ein Lesezeichen, eine getrocknete Ähre, steckt zwischen zwei Seiten. Sie schlägt dort auf und liest:

Tochter

kind
von kindern
gezeugt

zurückgeboren
in verloren geglaubtes
du bist
so fern

Sie lässt das Buch sinken. Ihr Herz beginnt zu schlagen, immer schneller und schneller. Zitternd blättert sie nach vorne, will es nicht wahrhaben, weiß aber schon, was dort stehen wird. Sabine. Klaus. Das zarte Mädchen. Bitte nicht, denkt sie, das kann nicht sein, und hört seine Stimme, wie aus dem Radio, als sie auf der ersten Seite seine Widmung liest:

Verbunden auf ewig, K.

Hannibal im Garten

Ich erwachte spät morgens schwitzend auf der Couch, die wachsende Hitze des Samstagvormittags schwer auf der Brust. Samstag. Familientag. Am Couchtisch standen drei leere Bierflaschen unordentlich auf einer schlampig gefalteten Zeitung herum.

Heute war so ein Eigentlich-Tag. Eigentlich hätte ich arbeiten gehen können und sollen. Eigentlich ging es mir zu Hause nicht besser. Eigentlich könnte ich diesen gestohlenen Urlaubstag genießen. Stattdessen lag ich auf der Couch, bewegungsunfähig und depressiv, ein fleischgewordener volkswirtschaftlicher Schaden. Über mir hing eine schwere Wolke der Konjunktive und Attribute. Ich könnte doch. Es würde schon. Man sollte zumindest. Das Sommerwetter draußen war von kühner Schönheit. Nicht mehr lange, dann würde die Redakteurin anrufen und mich in meiner ruhmlosen Scheinkrankheit stören. Sollte sie doch. Ich schloss die Augen und leitete meine Gedanken um auf ihre Strumpfhosen, die ihre dicken, säulenartigen und dennoch muskulösen Beine umspannten. Sie trug immer Strümpfe, egal wie heiß es draußen war. In meiner Fantasie stöckelten diese Beine körperlos, Hauptsache bestrumpft, an mir vorbei, in diesem ewig von Kaffeegeruch verseuchten Büro, und verloren sich im Sumpf meiner erotischen Flaute. Ein verkaterter Samstagvormittag war ein schlechter Rahmen für Masturbation. Der Gedanke an Kaffee wurde zu jener Versuchung, die meine halbherzige Geilheit neutralisierte, und mir das bisschen Kraft verlieh, mich zu erheben. Immer noch in Boxershorts, unrasiert und muffig riechend ging ich in die Küche, um mir einen Espresso zu machen. Die Espressomaschine hatte ich mir gekauft, weil mir die Werbung schnurstracks in die Lenden gefahren war. Diese Roten Lederhandschuhe, die die Maschine langsam und genießerisch aus der Satinschleife schälten, erinnerten mich an Frauen, die sich gerne aus ihren Dessous auspacken lassen. Bis der Espresso fertig war, öffnete ich das Fenster zum Garten.

Mein Nachbar kniete soeben vor seiner Ligusterhecke und vollzog einen offenbar schwierigen gärtnerischen Akt an den Wurzeln seiner Pflanzen.

Heute trug er, wie sonst auch an heißen Tagen, knapp abgeschnittene Shorts und sein haariger Hintern stand grotesk erhöht vor dem Panorama der dichten Pflanzenwand. Ich musste an Yvonne denken, die mich immer kreischend vor Begeisterung und Abscheu zum Fenster gezerrt hatte, wenn Walter Dvorak das tat, was sie „seine Pflanzen sexuell belästigen" nannte. „Sieh Dir das an! Man sieht einfach alles! Was glaubst du, warum er keine Unterhose trägt? Meint er, das ist Verschwendung?"

Ich goss mir einen Kaffee ein, überlegte kurz, verlängerte ihn mit einem guten Schuss Grappa, zündete mir eine Zigarette an und begab mich zurück an die Fensterbank. Der heiße, veredelte Kaffee züngelte sich seinen Weg durch die Speiseröhre, umschmeichelte sie und kleidete auch meinen Magen wohlig aus.

Ich hatte schon lange nicht mehr an Yvonne gedacht. Frauen waren nicht mehr so wichtig in meinem Leben. Früher, da hatte ich mir das Herz aus dem Leib gerissen, aber heute war ich müde geworden. Hie und da entführte mich mein Sexualtrieb aus der Lethargie und trieb mich vor sich her, in eine Bar, zu einer Frau, in deren Wohnung, in ihr warmes Fleisch hinein. Aber kaum war der Trieb befriedigt, stahl ich mich davon, während die Frauen schliefen oder sich vorsorglich schlafend stellten.

In all meinen Beziehungen lauerte eine böse Saat. Ein Wort, ein Fluch, ein Eigentlich. Eigentlich geht es uns gut. Eigentlich könnten wir doch am Wochenende nach Italien fahren. Eigentlich könnten wir heiraten. Und dann waren da „Eigentlich nicht" Beziehungen. Warum gehen wir eigentlich nicht ins Kino. Warum schlafen wir eigentlich nicht mehr miteinander. Warum eigentlich keine Kinder. Ja, warum eigentlich nicht.

Eigentlich ist nie gut. Das Wort breitet sich über unser Leben, wie ein Pelz auf der Zunge. Das Wort ist eine Pest.

Yvonne ist eine Frau gewesen, die frei von Eigentlich war.

Ich sog an meiner Zigarette und sah aus dem Fenster. Die Bemühungen meines Nachbarn schienen heute über rein gärtnerische Belange hinauszugehen. Seine Bewegungen waren rastlos, sein Hinterteil wogte unruhig wie eine Boje im Sturm und erweckte den Verdacht, dass er etwas suchte.

Walter Dvorak war ein frühpensionierter Prolet, der sich keine Mühe gab, seinen Alkoholismus zu verbergen. Seine Frau war gesellschaftlich höherstehend, fast schon spießbürgerlich, und sie arbeitete wie ein Tier, um sich und ihrem Mann dieses gute Leben am Stadtrand ermöglichen zu können. Die beiden passten überhaupt nicht zueinander, aber ich interessierte mich nicht genug, um dem Grund ihrer Paarbildung nachzugehen.

In den Sommermonaten schien Frau Erna Dvorak – zumindest in ihrer Freizeit - ausschließlich in ausgeleierten Bikinis herumzulaufen, wobei sie sich nicht davor scheute, spärlich bekleidet bei mir anzuläuten, mir belanglose verirrte Post zu überbringen und mir dabei einen Blick auf ihre zentimeterlangen Haare auf den Beinen zu gönnen.

Das Ehepaar Dvorak veranstaltete jährlich wiederkehrende Sommerfeste, bei denen Walter seine schmerbäuchigen Bekannten und deren kastenförmige Frauen euphorisch begrillte. Im Rausch der fast schon ekstatischen Fleischzubereitung erlag Walter Dvorak jedes Mal beim Grillen dem Drang, verstohlen in den Komposthaufen neben dem gemauerten Grillturm zu urinieren. Von unserem Fenster aus war das sehr gut zu beobachten. Yvonne war an diesen Tagen nicht mehr zu halten. Mit fester Hand umklammerte sie mein Handgelenk und erwartete gepeinigt vor Vorfreude den Moment, in welchem Walter Dvorak verlässlich seinen primären Bedürfnissen freien Lauf ließ und sein bestes Stück auspackte. „Jetzt!!", rief sie, „Jetzt pinkelt er in den Kompost! Und warte, er wird sich auch heuer nicht die Hände waschen, bevor er wieder seine Würstel weitergrillt! Da... da... Siehst du? Er macht das absichtlich. Es ist etwas *Sexuelles*."

Ihre Begeisterung in solchen Situationen erfüllte mich mit Leben und ich trat dann hinter sie, umarmte sie und partizipierte an diesen verschwenderischen Gefühlsausbrüchen wie ein stiller, dankbarer Parasit.

Yvonne war Vergangenheit. Sie war die einzige Frau, die bei mir übernachten durfte. Im Gegensatz zu den anderen ist sie nicht besonders dekorativ gewesen, aber was erwartet man sich schon von einer Handarbeitslehrerin.

Kennen gelernt hatten wir uns in einer Selbsthilfegruppe für Menschen mit Angst und Depressionen. Mein Neurologe hatte mir Tabletten verschrieben und mich zur Gruppe geschickt, um mit anderen lebensmüden Spinnern über meine Lebensmüdigkeit zu reden. Ich demonstrierte Unwillen, aber er bestand darauf, also ging ich widerwillig hin und kam zum ersten Treffen zu spät. Als ich den kleinen hellen Raum betrat, starrte mich Yvonne böse an. Sie saß im Kreis mit fünf anderen Spinnern und war gerade im Rahmen der Vorstellungsrunde in die Schilderungen ihrer Phobien vertieft gewesen, und ich hatte sie gestört. Ich murmelte eine leise Entschuldigung, aber es dauerte eine halbe Ewigkeit, bis sie weitersprechen konnte.

Yvonne, stellte sich heraus, litt an Panikattacken beim Duschen und beim Essen, aber sie fürchtete nichts mehr, als eine Nadel zu verschlucken oder sie sich versehentlich ins Fleisch zu rammen. Diese Phobie zwang sie zum ständigen Wäschewaschen und Staubsaugen, was ihr Leben, abgesehen davon, dass sie ihren Beruf als Handarbeitslehrerin nicht ausüben konnte, schrecklich beeinträchtigte. Sie saß im Türkensitz, sprach mit ernster Mine und fast ohne Gestik; nur selten brachen ihre Hände aus und versetzten die langen, dick geflochtenen Zöpfe in leise Schwingung.

Eine leichte Wärme beschlich mich, als ich ihr zuhörte. Ihr Schicksal berührte mich, aber ihre Rosigkeit, dieses Bäuerliche, Bodenständige ihres Körpers warf mich schlicht und einfach um; vielleicht, weil es im so krassen Gegensatz zu diesen unirdischen Phobien stand.

Nach der nächsten Sitzung lud ich sie auf einen Tee ein, und noch vor der dritten Gesprächsrunde waren wir ein Paar, und das, obwohl unser Gruppenleiter uns vor Paarbildung gewarnt hatte. Wir sagten niemandem etwas und freuten uns diebisch darüber.

Mit Yvonne war alles anders. Ich nahm meine Antidepressiva regelmäßig, gab das Rauchen auf und begann zu joggen. Auch Yvonne machte große Fortschritte.

Nach zwei Jahren Beziehung empfand ich mich als „geheilt", nahm eine Stelle bei einer großen Tageszeitung an und begann wieder einmal ein neues Leben. Yvonne sah ich plötzlich mit anderen Augen. Sie war mollig geworden, trug Latzhosen und Birkenstocksandalen, während ich meine Hemden- und Anzugsgarnitur auf Boss und Joop umstellte. Yvonne wurde zu einer unmöglichen Groteske, die ich mir längerfristig nicht zu leisten erlaubte. Stattdessen leistete ich mir eine magere Schönheit aus dem Anzeigenverkauf, an deren Namen ich mich nicht erinnern will.

Meine Hand griff zum Grappa als die Türglocke schrillte. Ich erschrak und zuckte zurück. Der Gedanke an Frau Dvorak in ihrer unvermeidlichen freudlosen Fast-Nacktheit ließ mich zögern. Sollte ich schnell etwas überziehen oder ihr den Anblick meines lächerlich gewordenen, gealterten Junggesellenkörpers zumuten, mit allem Drum und Dran, vom Schlaf verlegten Brusthaaren, traurigen, unnutzen Brustwarzen, Bäuchlein, dürren, krummen

Storchenbeinen? Warum eigentlich nicht; verdient hätte sie es sich ja redlich. Ich ging in den Vorraum und entriegelte die Türe.

Im ersten Moment sah ich niemanden, also blickte ich hinab. Vor mir stand die Enkelin der Dvoraks, Leonie, ein Mädchen unschätzbaren Alters, 4, 5, 6 Jahre alt, wer weiß das schon; jedenfalls in kommunikationsfähigem Entwicklungsstatus. Ihr Gesicht war verzerrt vor Weinen, eine kubistisch anmutende Komposition aus verzweifelten Mimikfragmenten, Rötungs-nuancen, umgeben von einer Korona wirren flachsblonden Haars. Aus un-erklärlichen Gründen hatte dieses Kind einen Narren an mir gefressen, lief mir in der Einfahrt entgegen, zeigte mir sein neues Spielzeug, legte mir abgerissene Löwenzahnblütenköpfe und krakelige Zeichnungen vor die Türe, kokettierte mit meiner beschämenden Unbeholfenheit. Auch wenn ich mich eigentlich in Ihrer Gegenwart unsicher und wie ein Trottel fühlte – ich mochte sie irgendwie, vielleicht aus einem atavistischen Vaterinstinkt heraus, oder weil das kosmische Gleichgewicht mir abverlangte, dieser unverdienten Zuneigung eine Erwiderung angedeihen zu lassen.

Ich betrachtete das Häufchen Elend mit wachsender Panik. Irgendetwas war hier faul und ich hing mit drin, weil Erwartungen in mich gesetzt wurden, die die verdiente, träge Nutzlosigkeit meines Samstagvormittags gefährdeten. In meiner Hilflosigkeit hockte ich mich auf meine kratzige Fußmatte und legte meinen Arm vorsichtig auf ihre Schulter. „Schsch", versuchte ich es. „Jetzt mal ganz langsam. Was ist denn passiert?"

Einem Stakkato von Schluchzen und Sprechen entnahm ich schließlich, dass die Schildkröte Hannibal seit den frühen Morgenstunden abgängig war. Daher also die auffälligen Aberrationen im Verhalten von Walter Dvorak.

Ich hatte die Schildkröte Hannibal schon ein paar Mal am Rande wahr-genommen, wenn ich durch den Vorgarten musste, um in meine Wohnung zu gelangen, Eile vortäuschend, immer auf der Hut, um nur ja nicht mit dem unbehaglichen Dunstkreis der nachbarlichen Spießbürgerlichkeit in Kontakt zu kommen, fast so, als wäre ich auf der Flucht vor einer ansteckenden Krankheit.

Eine Schildkröte also, mein Gott. Ein schmutzigbrauner, mit Ausnahme des Raschelns von Laub geräuschloser Schatten, der sich unendlich langsam durch Dvoraks Garten bewegte. Ein einziges Mal hatte ich das Tier aus der Nähe gesehen; als es neu und aufregend war, hatte Leonie mir das nutzlose Reptil unter die Nase gehalten, mit dem befremdlich gepanzerten Bauch nach oben, die krummen, bekrallten Stummelbeine in gemächlichem Protest rudernd, der warzige Kopf tief in den Panzer zurückgezogen wie ein nie gebrauchtes, schlecht funktionierendes Geschlechtsorgan. Damals hat die Schildkröte mir sogar Leid getan, aber im Moment hatte ich mehr Angst vor den Konsequenzen, die sich aus dem Verlust des Reptils für mich ergaben. Ich versuchte es mit berechnendem Schweigen, vielleicht konnte ich diesem Kind wortlos zu verstehen geben, dass ich mich heute, und genau genommen eigentlich nie in der Lage sah, Probleme dieser Belanglosigkeit auch nur lösen zu wollen.

Ich blickte auf den geknickten blonden Schopf und wähnte mich schon in Sicherheit, als sich der Kopf hob und ich in ein Paar verweinter, blauer Kinderaugen sah, deren Ausdruck meine Berechnung fürchten lehrte. „Hilfst du uns suchen?"

Wenige Minuten später trat ich in den Garten, mit T-Shirt, Unterhose und Badeschlapfen hinter einer siegessicheren Leonie herwatschelnd, und als mich der dankbar nickende Blick Walter Dvoraks traf, fühlte ich mit Grauen eine Art Verbundenheit. Wenige Momente zuvor noch quasi ein Unberührbarer, war er jetzt mein Komplize in einem Unterfangen, das uns beiden offensichtlich gleichwenig Freude bereitete. Wenigstens war mein Nachbar nicht in Redelaune, ich hatte Glück.

Leonie plapperte unentwegt, schilderte, wo sie schon gesucht hatte und was Hannibal am liebsten fraß und welche Farbe seine Scheiße hatte. Ich hörte lieblos zu und suchte widerwillig die Ligusterhecken nach der gepanzerten Kreatur ab, die mir diesen meinerseits gestohlenen Samstag praktisch aus zweiter Hand stahl. Es war absurd.

Erst jetzt, drei Jahre nach meinem Einzug in dieses Haus, nahm ich den Garten zum ersten Mal im Detail wahr. Die Liguster standen dicht wie Gitterstäbe um den gepflegten Rasen, am südlichen Ende sprossen verheißungsvolle Triebe aus einem scharf abgezäunten Beet; lediglich die Rosen ließen Vernachlässigung erkennen, um ihre Knospen und jungen Triebe ein lückenloser Kettenpanzer fetter, schwarzer Läuse. Leonies Plappern war nicht mehr zu hören, sie befand sich am anderen Ende des Gartens. Ich fürchtete ihre baldige, kontrollierende Rückkehr, fiel, Mühe vorschützend, auf die Knie und betrachtete die Aussicht der vom Gießen erdbespritzten Stämme, die meinem Nachbarn zuteil wurde, wenn er jene Arbeiten verrichtete, die Yvonne die zweifelhafte Freude bereiteten, seinen Arsch in die Höhe gereckt betrachten zu dürfen. Ich beschloss, die Chance wahrzunehmen, den berüchtigten Komposthaufen einmal aus nächster Nähe zu inspizieren und schlenderte um ihn herum. Der vegetarische, süßliche, aber nicht unangenehme Verwesungsgeruch stieg mir in die Nase, Ahnungen von Kohlenstoffkreisläufen und verschüttete Fragmente aus dem Biologieunterricht aufwühlend. Wie Walter Dvorak stand ich vor dem Grillturm und stellte mir den Garten voller Gäste vor. So blöd war der Platz nicht: man konnte doch tatsächlich unbemerkt grillen und gleichzeitig in den Kompost urinieren, der Grillturm und eine diskret platzierte Thujie schirmten das Sichtfeld ab, wiegten einen in scheinbarer Sicherheit, von meinem gut situierten Küchenfenster mal abgesehen. Ich erwog, es auszuprobieren, hatte aber eine leere Blase. Fast ärgerte ich mich darüber.

Es war am Tag nach einem Sommerfest gewesen, als Yvonne mir auf die Schliche gekommen war. Sie tat etwas, das ich ihr nie zugetraut hätte: Sie durchsuchte meine Anzugtaschen und fand die Rechnung für zwei Nächte Doppelzimmer in einem Tiroler Luxushotel, ausgestellt auf ein Ehepaar mit meinem Namen. Sie brüllte herum, zerschlug eine Menge Geschirr, biss mich in die Schulter und verschwand aus meinem Leben. Ich hatte nie den Mut, sie um Verzeihung zu bitten. Oder vielleicht war ich auch nur zu froh, sie los zu sein.

Wieder auf den Komposthaufen blickend fiel mir der bewegungslose, braune Umriss auf, der unter dem Kompost hervorlugte. Es war zweifellos Hannibals Hintern, der hier meine Aufmerksamkeit erregte. Dieses perverse Reptil hatte sich den ekligsten Platz im Garten ausgesucht, um uns, mit dem Kopf in der dampfenden Verderbnis aus Gras, Hausabfällen und Pisse steckend, zum Narren zu halten. Ich fiel auf die Knie, griff mir das ledrige Tier an seinen Panzerrändern und hielt es vor mein Gesicht. Der müde Blick und die kreisenden ruckartigen Bewegungen seiner Extremitäten verrieten mir, dass es ihm gut ging. Befremdliche Wärme schlich sich in meine Brust, ich konnte kaum glauben, dass mich tatsächlich Dankbarkeit und Freude erfüllten. Egal, ich sprang auf, hielt Hannibal mit beiden Händen in die Höhe und schrie: „Ich hab ihn, ich hab ihn!!"

Die Wiedersehensfreude verwandelte Leonie in ein still sitzendes, überglückliches gurrendes Mädchen, das in Minutenabständen den Panzer der Schildkröte zärtlich an die Wange drückte. Wir saßen auf den Eingangsstufen im Schatten, Walter Dvorak bedachte mich periodisch mit feuchten, dankbaren Blicken, und nickte mir lächelnd zu, bevor er mit dem eiskalten Bier, welches er uns „zur Feier des Tages" aus der Küche geholt hatte, zuprostete.

„Weißt du, Leonie, wir sollten Hannibal einen Laufstall bauen, damit er nicht wieder weglaufen kann", begann er.

„Ja, aber kann er da noch richtig schön spazierengehen?", entgegnete Leonie, sich kurz aus der innigen Liebkosung mit dem Reptil lösend. Ich stöhnte auf, genervt von dem unendlichen Quell kindlicher Forderungen. „Man könnte auch ein Loch in den Panzer bohren und ihn anketten. Oder einen Luftballon durchfädeln. Dann sieht man immer, wo er ist, weil dort der Ballon dick und fett in der Luft schwebt", sagte ich, ohne es im Geringsten ernst zu meinen. Entgegen meinen Erwartungen erhellte sich Leonies Gesicht und sie strahlte mich an. „Kannst du das machen?"

Einige Stunden später schlenderte ich verlegen durch die Menschenmenge, die sich mittlerweile im Garten der Dvoraks eingefunden hatte. Walter hatte darauf bestanden, mich zum heurigen Sommerfest einzuladen, jetzt, wo wir per Du waren und ich mich bei der ganzen Familie unwiderruflich beliebt gemacht hatte. Ab sofort würde meine wie ein Schatz gehütete Abgeschiedenheit nicht mehr möglich sein, ein Verlust, der unangenehme Konsequenzen wie peinliche Konversationen, die Forderung unliebsamer Gefälligkeiten oder eben auch Einladungen wie diese zu Folge haben würde. Ich klammerte mich an meine Bierflasche und kämpfte mich durch zum Grill. Die üblichen Bekannten der Dvoraks waren auch heuer alle da, in all ihrer Prallheit und Gewöhnlichkeit und ich in ihrer Mitte. Ich tat mein Bestes, heute nicht noch einen Kapitalfehler zu begehen und beschwor mich selbst, für die kurze Zeit, die ich noch höflichkeitshalber zu bleiben gedachte, den Mund zu halten. Im Gegenlicht der goldenen Spätnachmittagssonne und benebelt von Bier und dem Duft der ersten Würstchen auf dem Grill sah ich nur die Umrisse der Leute: fast schöne Anblicke, leuchtende Haarkränze, darüber ein insektenreicher, königsblauer Abendhimmel.

Am rechten Gartenrand schwebte ein rosa Luftballon auf Augenhöhe, mit einer dünnen Perlonschnur und einem dicken Tropfen Pattex auf Hannibals Panzer geklebt. Niemand hatte sich getraut, das Loch zu bohren, wer kann schon wissen wie so ein Schildkrötenpanzer funktioniert, was weh tut, was nicht und wo das Fleisch wieder beginnt, und das Letzte, was ich heute noch brauchte, war eine verletzte, jammernde Schildkröte. Yvonne wäre stolz auf mich gewesen, dachte ich mir. Fast vermisste ich sie; dieses Fest wäre nach ihrem Geschmack gewesen.

Endlich war ich bei Walter angelangt, der soeben ein Gespräch mit einem seiner kugelbäuchigen Freunde beendete. Der kam auf mich zu, klopfte mir väterlich auf die Schulter, brummte „Gut gemacht", und ließ uns allein. Walter war mittlerweile so betrunken wie ich und der Gesprächstoff war uns schon am ersten Tag unseres Kennenlernens ausgegangen. Wir starrten auf die brutzelnden Würstchen, auf das Entstehen und Platzen der Brandblasen auf deren Häuten. Mein Gesicht glühte wohlig, während ich mich in den Flammen verlor und wieder an Yvonne denken musste. Ihre dicken Zöpfe, ihre schweren Haare und die großen, üppigen, festen Brüste. Ihr Lachen, ihre Flausen. Ein Harndrang riss mich aus der Vertiefung.

„Ich muss mal", verkündete ich, immer noch ins Leere starrend.

„Ich auch", brummte Walter. Ich wollte schon in Richtung Haus gehen, als Walter mich am Ellenbogen zurückhielt und den Kopf schüttelte. Ich grinste breit. Ob er ahnte, dass Yvonne und ich ihn immer beobachtet hatten? Sein Blick war glasig und gleichgültig und verriet nichts. Breitbeinig stellte ich mich neben ihn vor den Haufen und ließ all das Bier aus mir herausplätschern, unsere Urinstrahle zwei parallele goldene Parabeln, die mit einem dumpfen Prasseln dampfend im Kompost verschwanden. Dann hob ich meinen Blick und sah verschwommen auf mein halboffenes Küchenfenster. Mit ein wenig Fantasie konnte ich mir Yvonne hinter der Scheibe versteckt vorstellen, wie sie uns dabei zusah. Ich lächelte und schloss die Augen.

Jonathan

Jonathan

Jonathan richtet die Kamera auf mich und wartet auf ein pässliches Gesicht. Hinter ihm beginnt der Dschungel mit seiner Ausdünstung, die beim ersten Morgenlicht einsetzt und den ganzen Tag anhalten wird. Nur in der Nacht verliert die Luft ihre klebrige Nässe, und bis zur nächsten Nacht war es noch weit. Mich wundert, dass einem bei so viel Nässe nicht die Haut vom Körper schimmelt.

„Verschwind, Jonathan", sage ich zu ihm. Piss off. Sein Name klingt ausgesprochen *Tschonässn,* mit hässlich zischendem *ss.* Mein Englisch will nicht so recht, wegen der Zahnspange. Ich verstehe meinen Aufruhr nicht, und es ärgert mich, dass sich Enttäuschung und Trauer in meinen Zügen spiegeln, so, als würden kleine Kobolde eifrig an meinem Gesicht herumwerken, die Mundwinkel nach unten zerren und die Augenlider zum Flattern bringen. In Wirklichkeit ist in den letzten Stunden nichts Aufregendes geschehen und, noch einmal, es besteht kein Anlass für meine emotionale Aufgewühltheit. Wenn er noch länger herumtrödelt, werde ich gleich zum Weinen anfangen. So ein Gesicht in so einer Situation, das ist unangebracht und peinlich. Wenn er jetzt abdrückt, wäre es ein trauriges Foto mit einem Hauch von Flüchtlingslager; die junge Frau in der lehmverschmutzten Kleidung auf der Treppe einer Baracke sitzend, mit diesem bittegehnicht Gesichtsausdruck und dem verknoteten Zopf; sie hat alles verloren und steht vor dem Nichts. Und es soll doch ein schönes Foto werden, ein Urlaubsfoto.

„*C'mon. Smile*", sagt er, ruhig und abwartend.

Jonathan ist Australier. Australier sind geduldig; ihr Land ist groß, Distanzen sind astronomisch und die Einwohner sind der Verschwendung von Zeit und Raum gegenüber immun. Jonathan drückt nicht vorschnell ab, sondern wartet wie jemand, der im Zoo mit der Kamera so lange auf der Lauer liegt, bis der Bär sich endlich wieder auf die Hinterpfoten stellt und Männchen macht. Schließlich gebe ich mir einen Ruck und ringe mir ein Lächeln ab, so gut es geht. Es fühlt sich wie fremdes Fleisch in meinem Gesicht an. Sichtlich zufrieden lächelt er durch das Objektiv hindurch zurück und drückt endlich ab. Die Kamera macht ein hässliches Geräusch, ein mageres Klick, gefolgt vom lang gezogenen Klagelaut des weitertransportierten Films. Am Sound kann ich hören, wie billig die Kamera war. Zu viel Kunststoff. Ich sehne mich nach dem satten Auslösergeräusch meiner Spiegelreflexkamera, bin aber zu kraftlos, sie aus der Baracke zu holen und meinerseits ein Foto von ihm zu machen.

„Es war eine ganz spezielle Nacht", sagt er in seinem knorrigen, australischen Englisch, *bloody special night,* nachdem er die Kamera hat sinken lassen, und dann dreht er sich um und verschwindet im gefräßigen Blattwerk des grünen Dschungels. Ich will mit ihm gehen, ihm nachlaufen, dieses grässliche Dschungelcamp verlassen. Stattdessen lehne ich meinen müden Körper an die morsche Holztreppe und vergieße ein, zwei lieblose Tränen, die bei der Luftfeuchtigkeit ewig nass blieben, wenn ich sie nicht wegwische.

Seit einigen Wochen machte ich hier, in Borneo, bezahlten Urlaub. Meine Aufgabe bestand in der wissenschaftlichen Vorbereitung einer ökologischen Exkursion für Studenten. In zwei Monaten würde die Reisegruppe in Malaysia eintreffen, lauter ambitionierte Naturwissenschaftler, gierig nach Informationen und Abenteuern. Stellvertretend für den Professor vertiefte ich mich vor Ort in die Flora und Fauna, machte eine Unmenge von Fotos und kratzte dürftige Literatur zusammen.

Der Professor hatte meine Dienste in der Institutssitzung vorgeschlagen, ohne mich vorher zu fragen. Das Institut, an dem ich Assistentin war und schon ewig an meiner Doktorarbeit schrieb, stimmte zu, dass ich dafür geeignet wäre, den organisatorischen und wissenschaftlichen Part zu übernehmen. Als der Professor mich im Nachhinein fragte, freute ich mich so sehr, dass ich mich zu billig verkaufte.

Aber da ich gelangweilt und urlaubsreif genug war, hatte ich das Angebot dankbar angenommen.

Mein Vorausreisen garantierte der Reisegruppe – und vor allem den Professoren – einen reibungslosen Ablauf mit Lustmaximierung. Als Fleißaufgabe hatte ich mir auch noch auferlegt, an jedem Ort ein gutes Restaurant zu finden. Zuerst ließ ich mich von den farbenprächtigen Märkten inspirieren, machte Fotos und probierte schließlich in den Restaurants alles aus: Rochen mit gedünsteten, noch zusammengerollten Farnspitzen, Huhn mit schleimigen Pilzen, und Obst, das mir die Kellner vorher lachend erklären mussten. Die Malaien behandelten mich wie einen ganz normalen Menschen, und das, obwohl ich eine alleinreisende Frau mit Zahnspange war.

Nun war ich schon vier Wochen unterwegs und hatte alle Stationen durch: die Nationalparks der Nordküste, Sabah mit seinen Orang-Utan Waisenhäusern und zuletzt die Besteigung eines Viertausenders namens Kinabalu mit seinen vielen Vegetationszonen.

Nach der Bergbesteigung hatte ich mich erschöpft im noblen Jungle Paradise Resort etwas weiter südlich eingemietet. Ein mit Pflanzen-, Tier- und Hotelnamen vollgekritzeltes Heft, zwei volle Speicherkarten und eine kleine Tasche voll Fachliteratur markierten das Ende meines Jobs. In wenigen Tagen ging mein Flieger nach Hause. Der Professor würde nicht sonderlich beeindruckt sein, was seine Art war, Zufriedenheit zu demonstrieren. Ich legte meinen Reiseführer auf die Knie und blätterte gedankenverloren darin herum. Eine halbe Tagesreise vom Resort entfernt gab es eine Einrichtung namens Uncle Tan's Camp mit umwerfendem „Wildlife“. Ich spekulierte halbherzig mit einem Dreitagesausflug dorthin, legte dann aber das Buch weg und schloss die Augen.

Mein Zimmer lag neben der Restaurantterrasse, welche, wie der Rest des Areals, über einer Teichlandschaft errichtet war. Ab dem späten Vormittag schien das gesamte Ressort zu kochen. Die Mittagszeit verbrachte ich damit, im abgedunkelten Zimmer warme Luft aus einem Ventilator auf meinen halbnackten, schwitzenden Körper strömen zu lassen und dem leisen Gemurmel der wenigen Gäste im Restaurant zu lauschen. Ich sehnte mich nach Konversation. Wegen der organisatorischen Aufgaben war ich oft verhindert gewesen und konnte nicht mit den anderen Rucksacktouristen in einer Hängematte liegend den Abend bei einem Bierchen ausklingen lassen. Ich musste lächeln beim Gedanken an selbstgewuzelte Zigaretten, warmes Bier und oft gehörte Sätze wie „Wenn Du nicht in Laos warst, hast Du Asien nicht wirklich gesehen“, oder „Seit die Tretminen in Angkor Wat weggeräumt wurden, ist Kambodscha nur mehr halb so spannend.“

Ein bisschen vermisste ich diese Gespräche, die Prahlereien, die Zeitvergessenheit dieser Typen. Alles war besser, als an Zuhause zu denken. Ich dachte viel zu viel an Wien, aber nie an etwas Bestimmtes. Wenn ich wenigstens Heimweh gehabt hätte. In meiner Abwesenheit würde sich nichts verändert haben, außer, dass vielleicht eine Pflanze gestorben war, was trotz gießender Mitbewohnerin immer passierte, wenn ich länger als 2 Wochen weg war. Zu Hause, das war ein grobkörniges, unscharfes Foto vom nasskalten Wien an einem Novembertag, mit speckigen Fingerabdrücken darauf. Schnell schaltete ich den Ventilator aus, griff nach der Kamera und ging spazieren.

Im Jungle Paradise residierte außer mir nur noch eine Gruppe müde aussehender Holländer, Pärchen mittleren Alters, die sich im Restaurant über Nasi Goreng und Tiger Bier anschwiegen oder in der riesigen, mit gewölbten Holzstegen zerfurchten Teichlandschaft lustwandelten. Sie sahen erschöpft aus, und ich hatte den Verdacht, dass die ganze Gruppe sich hier von einer kollektiven Lebensmittelvergiftung erholte. Als Gesprächspartner kamen sie jedenfalls nicht in Frage. Ich spazierte mit meiner Kamera über die Teichlandschaft und versuchte, die Stimmung einzufangen. Das Licht war milchig und die Farben hässlich. Schnell verlor ich die Lust und setzte mich ins Restaurant, um meine Langeweile mit Bier zu betäuben. Durch die bernsteinfarbene Bierblase betrachtete ich die insektenschwangere Teichsuppe und musterte die holländischen Paare mit einer Mischung aus Neid und Verachtung. Ich musste hier einfach weg.

Eine Stunde später saß ich in einem weißen Transporter, der vor einer Tankstelle im borneotischen Niemandsland abrupt anhielt. Der Fahrer bellte mich an, ich verstand, ohne der Sprache mächtig zu sein, schnappte meinen Rucksack und sprang ohne Verabschiedung aus dem Wagen.

In einem fensterlosen Betonquader stand die einzige Türe offen, davor lagen einige Rucksäcke lieblos im Staub, also trat ich ein. Der dunkle Raum war mit Sitzbänken und Regalen vollgerammelt und mit Fliegen gesättigt; mit Tee- und Kaffeeresten beschmutzte Tassen und Gläser standen auf einem Couchtisch, in einem geöffneten Marmeladeglas völlerten Dutzende Insekten, dreist vom vielen Zucker. Rechts ein Schreibtisch, dahinter ein ca. fünfzigjähriger Malaie, spärlich, für einen Asiaten aber großzügig, mit Gesichtsbehaarung ausgestattet, der mich nickend aufforderte, Platz zu nehmen.

„Ich bin Uncle Tan", eröffnete er unser Geschäftsgespräch in tadellosem Englisch. „Um 14 Uhr ist Abfahrt."

Jetzt erst hob er den Blick, der gleich in Höhe meines Busens hängen blieb und es nicht in die Regionen meines Gesichts weiter schaffte.

„Was kostet es?", ließ ich meine Busen fragen.

„25 Dollar für drei Tage. Ist das ein Schlafsack?"

„Ja", sagte ich und wühlte nach meinem Geld.

„Den brauchst Du nicht, es gibt Laken", antwortete er und händigte mir einen zerschlissenen, speckigen Bettüberwurf aus. Endlich sah er mir in die Augen, nahm mit verächtlichem, zahnlückigem Grinsen das Geld entgegen und wies mich an, sitzen zu bleiben.

Drei weitere Personen erschienen im Raum und nahmen neben mir Platz. Erstens ein dänisches Pärchen, Profis, die zu verhandeln begannen, noch bevor der Preis genannt worden war. Uncle Tan hörte es sich kurz und sichtlich unwillig an, das Mitleid heischende Gejammer der armen Europäer, die zwei Jahre reisen müssen, nicht arbeiten können und der Gnade der Zweiten- und Dritten-Weltenbürger bedurften. Ich wand mich vor Scham. Asien war voll von diesen universalkosmopolitischen Parasiten, die alles aus dem Leben rauspressen und dafür auch noch bewundert werden wollen. Uncle Tan aber enttäuschte mich nicht, vollführte eine schweigengebietende Handbewegung und das Jammern fand ein jähes Ende. Die Dänen warfen einander schmerzliche Blicke zu, dann wurde Geld gegen Laken getauscht.

Der dritte war der plumpe, übergewichtige Jonathan, der durch belangloses Geplapper sofort die Sympathie des Malaien gewann und dem auch die Ehre einer wahrhaftigen Konversation zuteil wurde, die ich ihm missgönnte.

Meine Sympathie für Jonathan sank weiter, als wir schließlich einige Stunden in einem weiteren Transporter durch monotone, lebensfeindliche Ölpalmenplantagen brausten und er, mich konsequent aussparend, mit allen Mitreisenden Kontakt aufnahm. Da war ein reiches englisches Paar, dann die madigen Dänen; und ich, durch Schilderungen von Jonathans Rugbykarriere um den verdienten Schlaf gebracht. Der Schlaf ist der einzig wahre Begleiter des Alleinreisenden: das Schlafbedürfnis ein treuer Gefährte, der die Einsamkeit kompensiert, immer verfügbar ist, aber auch seinen Tribut fordert. Seit ich alleine reiste, brauchte ich unanständig viel Schlaf; zehn bis zwölf Stunden – über den Tag verteilt – waren völlig normal.

Wir hielten an einer grauen Brücke, die über einen mausfarbenen Fluss führte, zwei Holzbaracken, ein Haufen Kinder, die kreischend vor Begeisterung über die willkommene Abwechslung um uns herumliefen. Zwei magere, neurotische Ziegen, die verstört davontrabten, blickten uns aus der Ferne mit ihren blöden, rechteckigen Pupillen argwöhnisch an. Wir begaben uns unter einen Wellblechverschlag und musterten den Himmel; ein Meer aus unheilvollen Wolken türmte sich zusammen. Es war eng und niemand sprach. Ich trat unter dem Verschlag hervor; die Zusammensetzung der Gruppe und die Tatsache, Teil davon zu sein, missfielen mir. Ich war schon zu lange alleine gewesen. Leises Donnergrollen untermalte den Auftritt unserer langen, schlanken Holzbarke, die um die Flussbiegung fuhr, am Bug eine zornige gelbliche Gischt und an Heck eine dichte blaugraue Fahne produzierend. Zwei knabenhafte Männer kletterten geschickt wie Äffchen aus dem Boot und luden unser Gepäck und außerdem unordentlich vollgestopfte Reissäcke ein. Ich nahm in der Bootsmitte auf einer kräftig aussehenden Planke Platz. Pünktlich zu unserer Abfahrt begann es horizontal zu regnen, und nach zwei Stunden Bootsfahrt im Regen fror ich zum allerersten Mal in diesem Urlaub. Als Kulisse sah ich das versprochene „Wildlife" vor dem unter unserer Last röhrenden Motor fliehen; Schildkröten hechteten für ihr Erscheinungsbild verblüffend schnell ins Wasser, Vögel stoben kreischend auf, Affen flohen panisch unter sich biegendem Geäst, das ganze Ufergebüsch wiegte sich vor verschwindenden Tieren. Ich fror, litt und bereute.

An einer kleinen gerodeten Uferstelle legten wir endlich an, quälten uns die klebrige, rot-lehmige Uferböschung hinauf und verschwanden kurz unter einem dichten, dampfenden Blätterdach, bevor sich vor uns Uncle Tans Camp in voller Pracht auftat. Eine lehmige Lichtung, vier offene Baracken in einer Reihe, auf morschen Pfeilern, mittels maroden, teils eingebrochenen Holzleitern mit der vermutlich niemals trocknenden Schlammwüste am Boden verbunden; ein Essplatz mit Wellblech überdacht, darauf zwei unabgeräumte Mahlzeiten für vier Personen mit den obligaten Fliegen, vier unglücklich aussehende Touristen dazwischen. Daneben eine Holzbaracke für das Personal; ein Wellblechverschlag mit Regentonne, die, wie ich gleich feststellte, ein von Plankton flaschengrünes Waschwasser beherbergte; schließlich, der letzte, kleinste Wellblechverschlag, der einen sich sofort ins Riechhirn hineinfressenden Raubtiergeruch verströmte: das WC.

In meiner mitteleuropäischen Seele schrie das sich mir bietende Bild nach längst ausständiger Instandhaltung. Wir Neuankömmlinge sahen uns mit verhaltenem Entsetzen um und setzten uns vorsichtig an den Tisch mit den geläutert wirkenden Touristen, die ihre erste Nacht schon hinter sich hatten und uns um eine Erfahrung voraus waren. Ein blasses Pärchen saß stumm da und musterte uns misstrauisch, während sich am Tischende ein bärtiger junger Mann bewusst vom Rest der Gesellschaft abgewandt fieberhaft Notizen machte. Einzig die füllige, lesbisch wirkende Norwegerin schien zum

Sprechen fähig, beugte sich nach vorne und wuchtete dabei ihren ausladenden Busen auf die Tischplatte, wo er sich horizontal ausbreitete.

„Ich halte viel aus", verkündete sie mit unnachahmlichem Englisch, das sich anhörte, als würde sie zahlreiche Murmeln in ihren Backen rollen, „aber es gibt eines, das ich hasse: Ratten. Diese *Dschungelratten*" – kurze kunstvoll gedehnte Pause mit manueller Größenangabe von ca. dreißig Zentimetern – „*ohne* Schwanz, sind um das Bett herumgelaufen, und bei den beiden" – Kopfnicken zu dem immer noch schweigenden blutleeren Paar – „haben sie den Rucksack aufgebissen. *Aufgebissen*. Und dabei hatten sie nicht mal Essen drin".

Mein Herz sank. Ich hatte große Angst vor Ratten.

„Gibt es hier Bier?", unterbrach ich die Schilderung. Alkohol würde mich retten. Ich würde mich betrinken, wie ein Stein in eines dieser unansprechenden Schlafgemache auf Stelzen fallen, in ein scheintotes Delirium abtauchen und nach zwei Tagen aus diesem Alptraum erwachen. Guter Plan.

„Bist Du verrückt? *This is a Muslim Country. No alcohol*", triumphierte die Norwegerin. Mein Herz sank. Ich blickte in die Runde auf der Suche nach Gleichgesinnten. Mein Blick traf den angstvoll geweiteten von Jonathan, dem Australier.

„*No beer*", sagte er fassungslos. „Wie werden wir das ertragen?"

Es wurde noch Tee aufgetragen, von dem ich nur zaghaft trank, meinen Flüssigkeitshaushalt – die Nacht voraussehend – regulierend. Das Gespräch verlor an Substanz und erstarb. Die Gruppe fürchtete sich geeint vor der bevorstehenden, unabwendbaren Nacht; ich konnte diese kollektive Angst spüren, die wie eine schwere Glocke über uns saß. Angekündigt von einem ohrenbetäubenden Gezirpe und Gekreisch brach die Dunkelheit abrupt über uns herein, so plötzlich, als wäre ein Lichtschalter betätigt worden. Tag, Zack, Nacht. Das Anspringen des Generators durchbrach das Zirpen. Einer der vier knabenhaften Männer, die für unsere Betreuung zuständig waren, erschien aus dem Off und ergriff das Wort.

„Morgen um 5 Uhr fahren wir mit dem Boot den Fluss hinab. Dann seht ihr Wildlife. Danach gibt es Frühstück. Gute Nacht. Ich zeige euch noch die *rooms*."

Es gab nichts mehr zu sagen: um 8 Uhr abends war anscheinend Schlafenszeit. Jonathan und ich wurden offensichtlich für ein Paar gehalten; uns wurde wie selbstverständlich eine Baracke zugewiesen. In all meiner Skeptik über ihn freute ich mich aber, die Nacht hier nicht alleine in einer der Baracken verbringen zu müssen.

Wir sahen einander fragend an, dann zuckte er die Achseln und sagte:

„Ich hoffe du schnarchst nicht."

„Nicht ohne Bier", antwortete ich. Er lachte leise.

Wir griffen nach unseren Rucksäcken, gingen mit gezückten Taschenlampen hinter dem britischen Paar her und wählten die letzte freie Baracke. Von den ursprünglichen fünf Sprossen waren nur mehr zwei intakt; es gab keine Türe. Der Holzverschlag war löchrig, am Boden lag eine ausgediente, asymmetrische Schaumstoffmatratze, darüber ein gelbliches, löchriges Moskitonetz. Der Anblick war erbärmlich. Ich legte das Leintuch zuunterst und breitete meinen Schlafsack darüber auf meiner Betthälfte aus. Jonathan sah mir dabei tatenlos zu.

„Hast du kein Bettzeug?", fragte ich.

„Nein, es gab keines mehr. Aber das macht mir nichts aus."

Natürlich sprachen wir Englisch miteinander. Ich mochte das Englischreden, die Zahnspange vereitelte es mir aber. Wenn ich Englisch redete, mich und meine Tätigkeit vorstellte, klang mein Leben bedeutsam und voluminös. Es war, wie in einer neuen Haut zu stecken

Ich fühlte mich verpflichtet, das zerschlissene Leintuch gerecht auf die beiden Matratzen zu verteilen. Es reichte gerade, beiden oberen Körperhälften den direkten Kontakt mit der unberührbaren Matratze zu ersparen.

Er bedankte sich mit einem Nicken. Danach putzten wir uns die Zähne, nebeneinander am Holzgeländer lehnend, wie ein altes Ehepaar vor einem Doppelwaschbecken; anstatt in einen elektrisch beleuchteten Spiegel starrten wir respektvoll in die schwarze Dschungelnacht, die wir beide gleichermaßen zu fürchten schienen. Wir spuckten den Schaum weit über die Brüstung und teilten uns meine Wasserflasche; er hatte auch kein Wasser mitgenommen. Zusammengespült vom Schicksal arrangierten wir uns hier wie Schiffbrüchige, selbstverständlich und kompromisslos. Das zivilisierte Geräusch des Generators veränderte seine Tonlage und verstummte schließlich, die Glühlampe über uns erstarb. Unter Zuhilfenahme der Taschenlampe brachten wir unsere Rucksäcke in Sicherheit, indem wir sie auf in die Wände geschlagene Nägel hängten. Danach krochen wir voll bekleidet unter das Moskitonetz und ich begann damit, es vorsorglich unter die Matratze zu stopfen. Ich unterdrückte heftigen Ekel vor der Schlafstatt, aus der ein starker Uringeruch sickerte. Ich inspizierte auch Jonathans Hälfte am Fußende. Er lag aufgestützt da und beobachtete mich.

„Was machst du?"

„Ich befestige unser Bett."

„Vergiss es", sagte er. „Das hilft weder gegen Ratten noch gegen Moskitos."

„Das will ich nicht glauben", entgegnete ich. „Es muss rattensicher sein. Anderenfalls sterbe ich vor Angst."

„Angst vor Ratten."

Ich nickte still.

„Naja, reinpinkeln kannst du jedenfalls in die Matratze, das hat offenbar schon jemand vor uns versucht."

Ich lächelte dankbar, auch sein Mund verzog sich nun zu einem breiten Grinsen, unsere Blicke trafen sich. Wir lächelten einander breit an.

Ein Gleichgesinnter. Wie hatte ich ihn nur dermaßen verkennen können. Begegnungen mit wirklich Gleichgesinnten beginnen immer mit Abneigung, Disput, Katastrophen. Oftmals enden sie ebenso. Es sind Reviergrenzen, Hormone und Jahrtausende altes Wissen, die uns vorsichtig gemacht haben, aber wir fanden und finden zueinander. Alles war besser, wenn ein Gleichgesinnter in greifbarer Nähe war.

Um uns waren die Menschengeräusche von den Tiergeräuschen abgelöst worden. Vögel, Affen und tausende von aneinander reibenden Insektenbeinen und -flügeln ergaben eine ständig an- und abschwellende, unliebsame Hintergrundmusik, der wir Menschen nun alle lauschten, unfähig einzuschlafen. Ich drehte die Taschenlampe ab und legte sie neben ein T-Shirt, das ich als Kopfpolster benutzte. Wir lagen Seite an Seite, beide auf dem Rücken. Ich wusste, dass wir beide die Augen offen hatten.

„Gute Nacht", sagte ich.

„Nacht."

Zirpen, Rascheln, das stereotype Uh-Uh der Affen. Dann: verhaltenes Grunzen, Plätschern.

Ich fuhr hoch. „Was war das?"

„Elefanten. Ratten. Wer weiß."

Ich befreite mich aus dem Moskitonetz, erhob mich und leuchtete mit der Taschenlampe auf die Lichtung vor unserer Baracke. In wenigen Metern Entfernung stand ein Bartschwein inmitten einer großen Lacke, Schlamm tropfte von seinen Flanken. Es glotzte angstfrei in den Lichtkegel, sein grotesker riesiger Schnauzbart vibrierte. Ich begab mich wieder in unser schreckliches Lager.

„Ich kann nicht schlafen", sagte er. Es klang wie eine Beschwerde.

„Ich auch nicht."

„Was war das eben?"

„Bartschwein."

„Ah."

Schweigen. Zirpen. Affen. Der lang gezogene deprimierende Schrei eines Nachtvogels. Ich sehnte mich nach meinem sicheren, duftenden Bett zu Hause, zum ersten Mal seit Beginn der Reise.

Mit schwerem Heimweh in der Brust sank ich schließlich in einen wachsamen Dämmerzustand voller blöder und ärgerlicher Traumfetzen, als mich laute kratzende und raschelnde Geräusche in unmittelbarer Nähe aus dem Schlaf rissen. Alarmiert und mit jagendem Herzschlag setzte ich mich blitzartig auf, suchte hektisch nach der Lampe und fuchtelte damit herum. Angst umklammerte meine Bronchien. Mein Herz schlug schwer und hastig in meiner Brust und in meinem Hals. Jonathan saß schon wach neben mir. Im Lichtschein sah ich, was ich schon längst gehört hatte: riesige schwarze Ratten, die um unser Bett herumrasten, ihr fettiges Fell knapp am Boden, ihre flinken Krallen am Holzboden scharrend, ein Geräusch, das ohne Umwege ins Rückenmark fuhr. Mein Herz schlug rasend schnell. Ich fürchtete mich zu Tode.

„Oh Gott, sie sind da", jammerte ich.

„Sch. Ruhig. *Hush darling*. Sie sind schon länger da", hörte ich Jonathan. Ich spürte, wie seine Hand sich auf meine Schulter legte. Ich erschrak, fuhr herum und leuchtete ihm mitten ins Gesicht.

„Ich habe Angst", jammerte ich.

„*Gosh* – ich bin blind", fluchte er. „*Put the bloody torch away*. Gib die blöde Taschenlampe weg. Es sind doch nur Ratten."

Ich antwortete mit einem Schnauben und versuchte, die Ratten – es waren drei – mit der Taschenlampe zu fixieren. Im Augenblick schnüffelten sie an der Wand herum. Sie waren schlecht zu sehen und bewegten sich sehr, sehr schnell.

„Ksch! Ksch! Verschwindet! Weg! Weg!", rief ich und versuchte, sie anzuleuchten.

Es funktionierte; es wurden weniger. Jonathan begann zu kichern.

„Was ist!", schrie ich ihn an. „Das ist nicht lustig!"

„Doch. Willst du sie zu Tode leuchten?"

Ich musste kurz lächeln, aber dann kam die Angst zurück.

Nach genauer Untersuchung des Raumes sah ich erleichtert, dass die letzte Ratte auch verschwunden war.

Die Aussicht auf Schlaf war in unerreichbare Ferne gerückt. Ich stützte mich auf den Ellenbogen und wachte. Wenn die erste Ratte zurückkam, würde ich sie gleich wieder mit der Taschenlampe verjagen. Jonathan lag auf dem Rücken und atmete wie jemand der nicht schlief.

„Bist du wach?"

„Ja, weil mir mein *roommate* ständig mit der Lampe ins Gesicht leuchtet", murmelte er grantig.

Ärgerlich griff ich nach der Lampe, schaltete sie ein und richtete den Lichtstrahl direkt in seine Augen.

„*So* ist direkt ins Gesicht leuchten."

„*What the fuck…*", fluchte er und hielt sich die Hände vor die Augen.

Ich drehte ab und fixierte die pechschwarze Nacht in Richtung Barackenausgang. Wachbleiben war meine Mission für die Stunden bis zum Tagesanbruch. Irgendwie musste ich mein Gehirn beschäftigen. Ich erwog, Jonathan in mein Wachsein mit einzubeziehen.

„Das ist die schlimmste Nacht, die ich je erlebt habe", versuchte ich es.

„Meine zweitschlimmste", murmelte er zu meiner Erleichterung.

„Was war deine schlimmste Nacht, *your favorite nightmare night?*"

„Afrika", antwortete er ohne Zögern. Die Tatsache, dass er an einer Konversation mit mir interessiert war, dass wir die gleichen Bedürfnisse hatten und einander zudiensten sein konnten, weckte die Vertrautheit der Gleichgesinnten wieder.

Wir wandten uns einander zu, sensibles Rascheln unser Begleiter, in Seitenlage, das Gegenüber eine stockfinstere Verheißung, diese Nacht zu überbrücken. Die Schwärze der Nacht bemühte meine Vorstellung von Jonathan. Nicht einmal einen halben Meter von mir entfernt blickte er in meiner Fantasie gen Himmel, nachdenklich, lächelnd, und er begann im Dunklen leise zu reden. Ich hatte sein Gesicht vergessen, widerstand der Verlockung, mit der Taschenlampe nachzusehen.

„Erzähl."

Es war ein Erlebnis, dass ihm in Uganda widerfahren war. Ein kaputter Bootsmotor zwang ihn und ein schwedisches Pärchen damals, mit ihrem

Guide in einem Dorf zu übernachten, in dem es keinerlei Unterkunftsmöglichkeit gab. Am Weg vom See zum Dorf waren sie bereits von einer Gruppe Jugendlicher bedroht worden, die dem Guide anboten, die weißen Schweine an die Krokodile zu verfüttern und sich das Geld zu teilen. Natürlich verstanden Jonathan und die Schweden kein Wort, aber sie merkten, dass es in der Konversation um eine Art Deal ging, und dass sie in Gefahr waren. Der Guide war glücklicherweise auch nach Einbruch der Dunkelheit um die Sicherheit seiner ihm anvertrauten Touristen bemüht und organisierte für die drei eine Schlafunterkunft in einem Stundenhotel – allerdings erst, wenn der letzte Kunde abgefertigt war.

„Oh mein Gott", sagte ich.

„Ja, ich habe auch gebetet dort. Wir saßen am Gang des Bordells und warteten die ganze Nacht, und ich glaube, dass absolut jeder männliche Dorfbewohner dort auftauchte."

Nach dem letzten Kunden durften sie dann in das nicht versperrbare Zimmer und lagen die ganze Nacht wach – zuerst wegen der Ratten, dann wegen des Lärms.

„Vor dem Haus war eine Art Tumult; ich glaube, der Mob vom See wollte unseren Guide doch noch umstimmen. Wir hatten so große Angst – die Schweden haben geweint wie kleine Kinder und ich bin die ganze Nacht Wache gesessen – mit meinem Taschenmesser."

Er lachte. „So ähnlich wie du jetzt mit der Lampe."

„Sehr witzig."

Ich boxte im Dunkeln zu ihm hinüber und traf ihn an der Seite; es fühlte sich weich an. Er sage nichts. Nach kurzem Schweigen redete er weiter.

„Ich dachte, ich seh' sie nie wieder."

„Wen?"

„Meine Frau."

Wir schwiegen.

„Und Deine zweitschlimmste Nacht?", fragte er.

„Ach; ich weiß gar nicht."

„Also keine schlimmen Nächte außer dieser?"

„Doch, doch. Irgendwie alle im letzten halben Jahr." Das klang dramatisch und besorgniserregend, aber es war nur ein bisschen übertrieben.

„Was ist los mit dir?"

„Ich bin depressiv", log ich.

„Oh, das tut mir leid."

„Mir auch."

„Tapferes Mädchen", flüsterte er. *Brave girl.*

„Ja, ich weiß", flüsterte ich und fühlte meine Tränen fließen. Warum ich jetzt weinte, war mir völlig unklar. Die Tränen schossen übermütig aus meinen Drüsen, so, als hätte ich seit Monaten nicht geweint. Dabei war das gerade eine Woche her; auf dem Gipfel des Berges hatte ich ein paar Tränen vergossen, verwirrt, etwas höhenkrank und aus Angst vor den rasenden Schmerzen in den Knien, die mich beim Abstieg erwarteten. Seine Hand kam zu mir und streichelte meine Wange.

„Sch. Sch. *Hush darling.*"

Der Schlaf hüllte mich tröstlich ein und spuckte mich unsanft wieder aus, als die Dänen im Verschlag neben uns laut aufschrieen; Sekunden später erkannte ich an der rauen Stimme den Schrei der Norwegerin. Die Dschungelratten probierten alle Baracken durch.

Als ich das nächste Mal erwachte, saß Jonathan neben mir im Bett, seine linke Hand umklammerte meine Taschenlampe, während seine Rechte als regungslose Kralle in der Luft schwebte. Es war völlig still.

„*What the hell are you doing?*", fragte ich ihn verwundert.

"Ich höre Moskitos."

„Überraschung. *Surprise. You're in the middle of a jungle.*"

„Hey. Ich habe keine Malariaprophylaxe genommen."

„Oh Gott", stöhnte ich wieder.

„Hey. Du hast Angst vor Ratten, ich vor Moskitos. *You fear rats, I fear mossies.*"

Im Widerschein der Taschenlampe sah sein Gesicht angespannt und blass aus, fast gelb. Er tat mir Leid. Ich konzentrierte mich darauf, Insekten zu sehen. Als ein kleiner Schatten an mir vorbei flog, griff ich nach ihm und zerquetschte ihn in meiner Faust. Wir inspizierten das zermatschte Insekt.

„Motte", sagte ich taub.

„*Shit*", zischte er.

Wir suchten weiter. Ich konnte die Mücke nicht hören.

„Ich Idiot. Warum habe ich keine Prophylaxe genommen? *Why not? Why?*" Es klang verzweifelt; ich konnte diese Angst nicht nachvollziehen. Krankheiten sind auf Reisen in den Tropen immer eine Gefahr; sich auf eine zu konzentrieren und sie zu fürchten erschien mir absurd.

Nach wenigen Minuten erfolglosen Suchens verlor ich Geduld.

„Jonathan. Hier sind keine *Mossies.* Wir haben alles abgesucht. Du wirst keine Malaria kriegen. Und wenn – die kann man sicher heilen." Ich gähnte.

„Mach jetzt das Licht aus." Das hörte sich an wie der Satz, den eine Ehefrau zu ihrem Ehemann sagt, zu Hause, in einem schönen Bett mit Nachtkasteln und Nachtkastellampe.

„*Right*", antwortete er erloschen und schaltete die Lampe aus. Plötzlich spürte ich seinen Kopf auf meiner Schulter. Ich hielt den Atem an. Für eine Verführung waren wir beide und unsere Schlafstatt eindeutig zu ungepflegt. Während er sich in meine Armbeuge hineinkuschelte formulierte ich eine möglichst vorsichtige Entschuldigung um einen sexuellen Übergriff zu verhindern.

Jonathan, Du bist doch verheiratet. Bitte, Jonathan, nicht hier. Jonathan, das geht leider nicht, ich habe keine Kondome mit.

Aber seine Bewegungen erstarben so plötzlich, wie sie gekommen waren. Er wollte tatsächlich nur in meiner Armbeuge schlafen, die noch dazu nicht besonders gut riechen konnte. Mit Verwunderung registrierte ich, wie enttäuscht ich war.

„Ich darf doch, oder?", murmelte er in meinen Busen.

„Klar doch", flüsterte ich und ließ meine Hand vorsichtig auf seinem Rücken liegen.

Kurz danach schnarchte er.

Bei Morgengrauen erwachte ich, weil Jonathan unser Nest verließ. Leise packte er seine paar Sachen in den Rucksack. Ich lag regungslos da und versuchte zu eruieren, ob ich glücklich oder unglücklich war. Die schönen und hässlichen Ereignisse der letzten Stunden waren zwei nicht miteinander mischbare Phasen, die auch nicht gemeinsam empfunden werden konnten, sondern in meinem dumpfen Kopf herumschwappten. Im Tageslicht sah Jonathan ganz anders aus als im Schein der Taschenlampe; plumper, jünger, unbeschwerter. Durch das Auge meiner Kamera gesehen würde die Szene an einen one night stand gemahnen: Morgengrauen, der Nachgeschmack überdosierter, voreiliger Intimität, eine Frau, die sich schlafend stellt, ein Mann, der davonschleicht.

Ich räkelte mich, gähnte laut und stützte mich auf den Ellenbogen.

„Gut geschlafen?", fragte er grinsend, als er merkte, dass ich wach war.

Ich lächelte zurück. „Erholsame Nacht. Warum packst du?"

„*Thanks god*, ich habe nur eine Nacht gebucht. *I'm going home baby.*"

Ich schloss die Augen. Zwei Nächte; ich hatte zwei Nächte gebucht. Wir würden getrennt werden; was mir von ihm blieb, war der Abschied. Der Schweiß der letzten Stunden klebte auf mir wie eine zweite Haut. Mir stand als nächstes eine Waschung mit dem grünen Wasser aus der Regentonne bevor; dann ein heißer Tag im Dschungel, und schließlich eine weitere schreckliche Nacht, diesmal alleine mit den Ratten. Entmutigt sah ihm beim Packen zu und widerstand der Versuchung, aufzuspringen, mich an ihn anzuhängen, ab- und mit weiterzureisen. Jonathan wirkte vergnügt. Ich fragte mich, wann wir Adressen auszutauschen würden. Aber er schloss alle Zippverschlüsse seines Rucksacks konzentriert, erhob sich und stand mit der Kamera vor mir.

„Setz Dich vor die Baracke; ich will Dich auf dem Foto haben."

Kein Adressenaustausch. Es verletzte mich nicht besonders, nur ein bisschen.

Kurz bleibe ich noch sitzen und warte, ob die Tränen wirklich nicht von alleine trocknen. Wenn ich den Motor des Boots höre, dann gehe ich zurück in die Baracke, wo mein alter treuer Geliebter, der Schlaf, schon auf mich wartet. Aber erst dann.

Der Sargträger

Der Sargträger

Mit angemessen kleinen, würdigen Ameisenschrittchen und gebeugtem Haupt trotte ich im Trauerzug hinter einer großen, hageren Salzburgerin mit schwarzen Stöckelschuhen her. Mein gesenkter Blick erlaubt mir das eingehende Studium der abgewetzten Stöckel, die der ständig plappernden Trägerin im Kies erschreckend wenig Stabilität verleihen. Wie ich ist sie offenbar nur eine entfernt Bekannte des Verschiedenen und daher am sich verjüngenden Schwanz des Trauerzuges zu finden; nach hinten werden die Reihen schüttererer und die Laune besser – die Moral wird gegen Ende des Zuges immer dünner, so, als ginge der Menschenmenge mit wachsender räumlicher Distanz zum Verstorbenen der Saft zum Trauern aus. Stattdessen verkürzt man sich z.B. heute die Zeitdauer damit, die Qualität von Schnäpsen aus dem oberen Inntal zu loben oder man kritisiert das Wesen der Bestattung an sich, so wie es die Stöckelschuhfrau soeben vor mir heftig tut.

„Das gehört doch alles schon längst abgeschafft. Kein Mensch braucht diese Quälerei. Eingraben und fertig", höre ich sie sagen. Ich hebe den Blick kurz: Angesichts der Tatsache, dass das, was ich von ihr sehen kann, auch schon verrunzelt genug aussieht, um in absehbarer Zeit selbst mit „eingraben und fertig" von den Lebenden verabschiedet zu werden, bewundere ich ihre Nonchalance und ihre Respektlosigkeit, die sie vielleicht sogar sich selbst gegenüber beweist.

Der in kürze Begrabene ist der Vater eines Freundes von mir, ich habe ihn nicht oft gesehen, zwei Mal vielleicht, aber dem Freund zuliebe will ich mich gerne zeigen. Meine fehlende, aufrichtige Anteilnahme und den ausbleibenden Tränenfluss verberge ich hinter einer in alle Richtungen ausufernden Sonnenbrille von Dior, die mich ein Viertel meines Monatsgehalts gekostet hat. Ich mache mir vor, dass dieser überdimensionierte, schwarze Schild meinen kleinen, dürren Körper ziert, ihm etwas von seiner Schmächtigkeit nimmt, etwa so, wie die riesigen Facettenaugen den Libellen etwas Majestätisches, Unberührbares verleihen; Libellen mit kleinen Augen würden kein Schwein interessieren, man würde nach ihnen schlagen wie nach allen anderen Insekten auch.

Prall und üppig präsentiert sich der Frühlingstag, so übervoll mit Leben, Pollenflug, balzenden Vögeln, sich paarenden Schusterkäfern und Maikäfern, richtig aufdringlich schiebt sich die Lebenskraft vor die Schatten des Sterbens. Es scheint grotesk, sich an einem Tag wie diesem dem Tod zu widmen, die Trauergemeinschaft tut sich eh schwer, aber bitte, die Meisten bemühen sich ja.

Der Zug kommt ins Stocken, das kollektive Scharren im Kies verebbt, der Kopf der Menschenschlange hat das Grab erreicht. Nun verteilt sich die Trauergemeinschaft geschmeidig auf dem wenigen Platz, der zur Verfügung steht, umfließt dynamisch die angrenzenden Gräber, bedacht, beim Herumstehen zwischen den Gräbern keine pietätlosen Berührungen mit Grabsteinen zu verursachen. Ich kann nichts sehen, weiß es aber genau, weil ich in letzter Zeit oft in der ersten Reihe stehen durfte. Begräbnisse haben mein letztes halbes Jahr begleitet, und weitere Begräbnisse werden folgen, zumindest arbeiten mehrere Krebsarten in den Körpern einiger meiner noch verbliebenen Familienmitglieder sehr zielstrebig daran.

Den Anfang des großen Sterbens machten meine Großeltern, die quasi Hand in Hand gestorben sind, so knapp hintereinander, dass die Trauergemeinde immer wieder den schwachsinnigen Vergleich mit Papageien bemühte – Papageien nämlich sterben vor Kummer, wenn sie ihre Partner verlieren, sie hören auf zu fressen und zu trinken und warten geduldig, bis sie tot vom Baum fallen. Ein bisschen war es wirklich so gewesen, Opa hatte nach Omas Tod sein Gebiss ausgespieen, seinen faltigen Mundtrichter für immer versiegelt und war drei Tage später aus seinem Rollstuhl gekippt, mausetot, vertrocknet. Wir nickten damals also beipflichtend, wenn die Papageientheorie tröstend gespendet wurde, meine Hände unter dem Tisch aber verselbständigten sich – in meinem Grant zupfte und riss ich mir im Verborgenen die Haut um die Fingernägel blutig.

Kurz darauf ereignete sich das in den Medien als „Autobahn-Tragödie" bezeichnete Verscheiden meiner Eltern, die durch die Wucht eines Lastwagens voller saftiger, rot glänzender Äpfel zu Tode gequetscht worden waren; am Steuer des geisterfahrenden Lasters saß ein besoffener, steirischer Mostbauer. Irgendjemand hatte mich zum Unfallort gebracht, die Aufräumarbeiten hatten noch nicht begonnen und aus dem Führerhaus des Krankenwagens hatte ich einen guten Blick auf das, was die Tücke der physikalischen Kräfte von meinen Eltern übergelassen hatte. Der Renault meiner Eltern sah nachher aus wie ein Teil der fruchtigen Ladung, so klein und würfelig inmitten eines Meeres von Äpfeln und Kisten, und obenauf wie Schokospäne auf einem feinen Nachtisch die zerborstenen Bretter der Paletten. Meine Eltern selbst waren wohl zu einer Art Gulasch oder gar Brei geworden, zumindest schloss ich das aus der Tatsache, dass man mir ihren Anblick entschieden verwehrte.

Die Organisation von Begräbnissen wurde zu einer erschöpfenden Routine, die mich dergestalt in Anspruch nahm, dass ich meinen eigentlichen Vollwaisenstatus erst nach der Doppelbeerdigung meiner Eltern realisierte, nämlich, als ich mich beim Leichenschmaus zwischen Menschen gepfercht fand, die in konzentrierter, gefasster Gier ihre Wiener Schnitzel zersäbelten und in sich hineinstopften, eine Demonstration geschlossener Gleichgültigkeit. So war das Leben nun mal; gegen Ende gibt es meist noch einige grausliche Details über unkontrollierte Körpersäfte, Schläuche usw., dann wird gestorben, beerdigt und im Wirtshaus wieder die Kurve gekratzt, schnell zurück in das Mahlwerk des Verdrängens, denn das Leben muss weitergehen, wird scho' wieder, gehen's Fräulein, bringen's mir noch ein Krügerl. Alle außer mir hatten jetzt fleischliche Bedürfnisse, Appetit, Durst, Bedarf nach Berauschung. Eine wohlmeinende Hand lud mir Schweinsbraten und Knödel auf meinen Teller und eine weibliche Stimme säuselte mir beruhigende, zum Essen ermunternde Worte ins Ohr. Der Gedanke an Dinge im Mund haben, Kauen, und überhaupt, Schlucken, war lächerlich. Die Wucht der Einsamkeit traf mich überraschend, aber gut gezielt. Damals hatte ich mich erhoben und am Klo eingesperrt. Es war ein altmodisches, mittelschlecht riechendes Klo mit rissigem Steinboden, einer Holzbrille und einer in ein feines Netzwerk zersprungenen Klomuschel, in dessen Labyrinth ich so lange hineinstarrte, bis der Brechreiz sich darin verlor wie ein böser Traum. Etwas legte sich auf mich, eine kühle, schwere Decke, nicht daran denken, nicht daran denken, nicht daran denken. Der Wunsch, zu weinen, wurde in kalte Umschläge eingepackt und für später aufgehoben.

Dann ging ich zurück und stand die Feier bis zum Ende durch. Die letzten Gäste waren zäh, und nachdem sie sich satt gefressen hatten und mit Alkohol abgefüllt waren, rang es ihnen am Ende dann doch noch glaubwürdige Traurigkeit ab. Nachdem dann die übrig gebliebenen Tanten und

Onkel mit von Tränen süffigen Augen ihre schlaffen, nassen Wangen an meiner trocken gerieben hatten und gegangen waren, blieb ich im Gastzimmer zurück wie ein ungeliebter, vergessener Gegenstand. Die eintrocknenden Tränen spannten auf meinen Wangen, daran wagte ich zu denken; es fühlte sich nicht gut an, aber auch nicht schlecht.

So ist es jetzt immer noch. Alles, was sich geändert hat, ist, dass mir der Mundraum viel zu klein geworden ist, ungefähr so, als hätte man eine Schlehe gegessen, die die Mundschleimhaut in null komma nix zusammenschnurren lässt. Essen ist noch schwieriger geworden. Seit dem Klobesuch am Begräbnis meiner Eltern ist meine Trauer wie hinter einem dunklen Bretterverschlag verborgen, schläft dort ruhig und atmet gleichmäßig. Etwas flüstert mir zu, du darfst diesen Zustand jetzt nicht ändern, die kühle Einsamkeit ist erträglich; alles andere würde aus dir hervorplatzen und dich spalten. Ja, pflichte ich still bei.

Der Trauerzug hat sich langsam vorwärts geschlängelt, bald bin ich dran, mein Scherflein dazu beizutragen und ein bisschen Erde auf den Sarg zu werfen. In kann es schon hören, das Geräusch des rituellen Verschüttens, zuerst Platsch, und dann ein leises Rieseln, fast gleichzeitig, aber eben nur fast. Der Redefluss der Salzburgerin vor mir ist auch endlich versiegt; ich frage mich, ob sie jetzt vielleicht wirklich ein bisschen traurig geworden ist, so in unmittelbarer Sargnähe, und ich vergönne ihr eine ausgewachsene Angst vor dem Tod. Platsch, Riesel. Gleich bin ich dran. Die Salzburgerin sieht beim aktiven bzw. bemühten Trauern gleich noch älter aus. Aber was mich wirklich überrascht, ist die Miene jenes Sargträges, der jetzt die Funktion des Erdschaufel-Reichens übernommen hat: Er sieht fast so betroffen aus wie die unmittelbaren Familienangehörigen. Seine blasse Haut ist über den Wangenknochen gespannt, die Augen liegen tief und in zwei düsteren Seen aus Schatten, kraftlos und resigniert kriecht ihm eine dünne Haarsträhne über die Stirn.

Mit gesenktem Blick reicht er mir die Schaufel, ich nehme sie und werfe die Erde in etwas zu hohem Bogen auf das Grab; Patsch, Riesel. Ein an Biomüll erinnerndes Konglomerat von Erde, Blumen und Schleifen bedeckt den hellen Sarg dürftig. Ich verweile ein wenig, will mich irgendwie verabschieden, werde nervös, weil mir nichts Gescheites einfällt, statt dessen belagert Biomüll mein Gehirn, ich kann nur an den Anblick und Geruch runzliger Radieschen und schimmliger Zitronen denken, und zu allem

Überdruss kommen auch noch Nacktschnecken dazu. Ich lasse meinen Blick verstohlen seitlich zum faszinierenden Sargträger schweifen, da nickt mir der plötzlich zu, verschmitzt und überraschend vertraut. Er trägt ein weinrotes Sakko mit goldenen Knöpfen, seine Würde hat etwas Tröstliches und ich würde ihn gerne nachher umarmen. Dankbar lächle ich ihn an, nicke zurück, etwas zu heftig, denn dieses Nicken destabilisiert den Halt meiner Sonnenbrille, und bevor ich nach ihr greifen kann, gleitet sie behende über meine Nase und fällt in steilem Winkel mit einem unpässlichen „Tock" auf den Sarg. Ich erstarre, unterdrücke das dringende Bedürfnis, mich hinzuhocken, und die Brille aus dem Grab zu retten. Genauso wenig kann ich sie dem Grab opfern, bei dem Gedanken an die Kosten blutet mir das Herz. Ich blicke beschämt in die Runde, verhohlene Komik ist in den Gesichtern zu lesen, aber der Sargträger macht eine beschwichtigende Kopfbewegung und winkt mich weiter. Als ich an ihm vorbeigehe, raunt er mir zu: „Später." Sonst nichts.

Ich zapple weiter, den letzten Flaschenhals der Prozession, das Kondolieren, zu überwinden. Als ich auch dort vorbei bin, nehme ich auf den Stufen einer einschüchternd aussehenden Gruft Platz und warte, bis sich die Reihen endgültig lichten und der Trauerzug zerbröselt. Die Gesellschaft versammelt sich vor dem Friedhof und startet den Abmarsch zum Leichenschmaus.

Endlich ist es ruhig, ich habe das Grab im Blickfeld, richtig nackt und erbärmlich sieht es jetzt aus, so ganz ohne lebendige Menschen rundherum, ein Loch in der Erde und ein in Stehwänden gefangener Erdhaufen daneben, irgendwo dazwischen der erloschene Körper in einer Kiste aus lackierten Eichenholzbrettern.

Ich warte, aber der Sargträger bleibt verschwunden. Also warte ich weiter, ohne Sonnenbrille, mit geschlossenen Augen, bade mein Gesicht in der warmen Frühlingssonne. Als ich das Knirschen im Kies höre, weiß ich, es ist der Sargträger. Aus einem anderen Eck des Friedhofs kommt er mit schlaksigem Gang auf mich zu, und je näher er kommt, desto mehr muss ich an staksende Fohlen denken; ich könnte ihn stundenlang genussvoll dabei beobachten, wie er auf mich zu kommt. Vor mir bleibt er stehen, etwas schwankend, die Arme baumeln noch nach; ich erhebe mich, linkisch neigt er den Kopf und sieht mich von unten an, macht sich kleiner, ich habe keine Ahnung was das bedeuten soll, aber es stört mich nicht. Irgendwie sind wir von zwei verschiedenen Gattungen, und dennoch haben wir viel gemeinsam – unsere Seltenheit, unser fast ein bisschen außerirdisch Sein; vielleicht könnte man uns sogar im selben Käfig halten.

„Das war ja eine Meisterleistung", beginnt er die Unterhaltung. Seine Stimme ist hell, klar und unmännlich.

„Ja, wirklich", pflichte ich bei, muss lächeln.

„Holen wir sie mal raus, oder?" Er lächelt zurück, offenbart ein echtes Clowngesicht, mit großem, klobigem Kopf; dort wo die Wangenknochen beginnen, ist es am breitesten und verjüngt sich zum Kinn fast herzförmig. Von der betroffenen Schattigkeit beim Begräbnis ist nichts mehr zu sehen, dezent vorstehende Schneidezähne und die flinken Augen verleihen ihm etwas Hasenartiges.

Ich nicke und wir gehen zum Grab, er springt leichtfüßig neben den Sarg und legt in Erde und Blumen scharrend meine Brillen frei, reicht sie mir und klettert wieder aus der Grube. Wie aus dem Nichts ertönt in meinem Hirn plötzlich das Kinderlied „Häschen in der Grube", und ich kann es meine Mutter singen hören, ihre Stimme ist jung und gesund und tröstlich, die Melodie kriecht wie ein Wurm in mein gepanzertes Herz und versetzt mich in Panik. Schnell greife ich nach der Brille, setze sie auf und drücke sie auf die Nase, fast brutal.

„Ist alles in Ordnung?", fragt der Sargträger.

„Ja", lüge ich.

„Sie sehen grauenvoll aus."

„Kreislaufschwäche", lüge ich weiter.

„Kommen Sie mit in die Tischlerei, dort können Sie sich kurz setzen. Ich habe gerade Mittagspause"; er wartet gar nicht auf eine Antwort sondern führt mich gleich ab.

Ich wehre mich nicht, sein Arm liegt so fest und bestimmt auf meiner Schulter, und so, wie Feuerwehrmänner in Decken gehüllte, entwurzelte Menschen über verbrannte Erde in Sicherheit bringen, führt er mich über den knirschenden Kies.

Wir verlassen den Friedhof durch eine schmale Hintertüre, die direkt in den Hof einer kleinen Tischlerei führt. Eine Verheißung von Fichtenholz und Waldböden liegt in der Luft, der Holzgeruch wird intensiver, köstlich, als wir durch eine Lagerhalle mit endlos langen, in Wandregalen liegenden Brettern in die eigentliche Tischlerei kommen. Ein schmaler, langer Raum tut sich auf, mit einer großen Arbeitsfläche, gefährlich aussehenden Geräten und Werkzeugen sowie einem unordentlich vollgestopften Regal mit Büchern,

Katalogen und Plänen. In einem Eck stehen eigenartige Konstrukte, die mich an Krücken erinnern, oder besser noch, an die Stützen aus Salvador Dalis Bildern, über die Uhren dahinschmelzen oder in denen der Schlaf ruht. Ein unter einer dicken Staubschicht begrabenes Telefon vollendet das Stillleben.

„Warten Sie hier, ich mache Ihnen Tee", sagt der Sargträger und verschwindet in eine winzige Küche, die durch eine Türe getrennt wird, die offensichtlich niemals geschlossen wird. Alles ist mit Staub bedeckt: der Herd, die Kästen, der Wasserkocher, die Teedose, die Tassen wohl auch. Ich setze mich auf einen Drehsessel neben der offenen Küchentüre und schaukle mit leicht geöffneten Augen, während der Sargträger beim Teemachen leise herumklappert und klirrt. Durch die Augenschlitze beobachte ich abwechselnd ihn und die Werkstatt. Schließlich reicht er mir eine Tasse mit zu starkem, schwarzem Tee, ich winke bei Zucker ab, bedanke mich und blase verlegen auf die Oberfläche des Getränks. Er nimmt auf der Arbeitsfläche Platz; seine Beine baumeln ins Leere.

„Sie sind also Sargträger", breche ich das Schweigen.

Er schüttelt den Kopf und grinst. „Nein. Ich bin eigentlich Tischler. Aber ich arbeite hier bei der Friedhofsverwaltung, weil ich keinen anderen Job gefunden habe."

„Bauen Sie hier Särge?", frage ich.

„Nein, die kommen aus der Sargfabrik. Die Tischlerei ist nur zufällig neben dem Friedhof, ganz praktisch, die Toten beschweren sich selten über den Lärm." Er lächelt nicht.

Ich nicke, auch nicht lächelnd. „Sie haben sehr professionell ausgesehen, dort beim Grab. Sehr traurig und betroffen; das gehört wohl zum Job, oder?"

Er schüttelt wieder den Kopf, sieht dabei angestrengt auf den Boden. „Nein, es trifft mich wirklich fast jedes Mal. Das Trauern. Die Verzweiflung. Aber auch die Gleichgültigkeit."

Ich fühle mich ertappt. Spätestens nach dem Wegfall meiner Brillen muss er in meinem Gesicht gelesen haben; mein Ringen nach Mitgefühl, nach den richtigen Worten des Abschieds, die sich bitten ließen.

„Keine Angst, es geht mich nichts an. Außerdem...", er beugt sich zu mir nach vor und stützt die Ellenbogen auf die Oberschenkel, „...habe ich Sie trauern gesehen."

Ich spüre, wie sich meine Brauen heben. „Ach", sage ich gekünstelt.

„Ja. Auf der Beerdigung Ihrer Eltern, vor einem halben Jahr. Ich bin für einen Kollegen dort eingesprungen, der sich den Fuß gebrochen hat. Ich hab Sie sofort wieder erkannt."

Sein Blick penetriert mich, ich wende mich ab und verschränke die Arme vor der Brust. „Ich will nicht darüber reden; wenn Sie damit anfangen, mich zu bedauern, werde ich gehen."

Er rutscht vom Tisch, geht zu den eigenartigen Holzkrücken in der Ecke berührt sie mit den Fingerspitzen. Mit dem Rücken zu mir sagt er leise: „Nein, ich will gar nicht mit Ihnen darüber reden. Aber ich will Ihnen etwas zeigen; kommen Sie her."

Die Konversation ist gefährdet, ins Belehrende abzugleiten, ich kenne das schon, und nichts ist schlimmer, als sich wieder mit einem klebrigen, lauwarmen Brei aus gut gemeinten Ratschlägen übergießen zu lassen.

Ich erhebe mich, bereit zur Flucht, greife nach Tasche und Brille. Dann gehe ich zu ihm. Erst jetzt sehe ich, wie schön die Krücken gearbeitet sind. Es sind ein- oder zweibeinige Konstrukte aus an den Kanten abgerundeten, polierten Brettern, mit mehrteiligen Aufsätzen. Das Ganze sieht ein bisschen nach zerschnittenen, weich und rund gemachten Kinderhochstühlen aus, oder nach Gehhilfen für Missbildungen, deren Scheußlichkeit die Grenzen meiner Vorstellungskraft sprengt.

„Wozu sind die?", flüstere ich und fürchte mich ein bisschen vor der Antwort.

„Für meine Kürbisse. Ich züchte Riesenkürbisse. Manche dürfen nicht auf dem Boden liegen, also habe ich ihnen diese Kürbiskrücken gebastelt. Ich habe schon einige Preise gewonnen."

Er lächelt mich an, und die Begeisterung in seinen Augen sowie die Erleichterung über das Ausbleiben von Schilderungen unsäglicher Verkrüppelungen rühren mich so sehr, dass mir die Tränen in die Augen schießen.

Er sieht mich entgeistert, aber immer noch lächelnd an.

„Sie weinen ja."

„Das ist in Ordnung. Ich weine auch bei Faschingsumzügen."

„Ach so."

„Dafür weine ich nicht bei Begräbnissen oder Hochzeiten", setze ich nach.

Er nickt abwesend.

„Verstehe ich", murmelt er. „Wissen Sie, das ganze Jahr lang begrabe ich Menschen und sehe ihre Angehörigen leiden, oder auch nicht. Manchmal kommt nur eine Handvoll Leute, manchmal gar niemand. Manchmal begraben wir kleine Kinder, da brauche ich Ihnen wohl nichts zu erzählen. Und währenddessen sprießen, blühen, wachsen meine Kürbisse heran. Es ist eine Art Ausgleichssport. Das Weinen…", er setzt sich wieder auf den Tisch, „ist eine eigene Wissenschaft. Ich kenne mindestens fünf Arten des Weinens."

„Ja", sage ich. „Ich kenne alleine bei mir drei." Ich bin über meine Offenherzigkeit überrascht, aber angenehm überrascht.

Dann dreht er sich nach mir um und blickt auf meine Tasche. „Sie müssen jetzt gehen, nicht?"

Ich nicke. „Ja. Danke für den Tee."

Er gibt mir die Hand; sie ist trocken und kühl, aber nicht kalt. Er sieht mir fest in die Augen. „Machen Sie es gut. Und kommen Sie mich bald wieder besuchen."

„Ja, spätestens beim nächsten Begräbnis. Sieht so aus, als wäre das bald."

„Das tut mir leid", sagt er. „Aber dann zeige ich Ihnen die ersten Kürbisse."

Ich nicke und verlasse die Werkstatt, drehe mich noch einmal um, winke ihm zu, er sieht mir nach, regungslos, eines der Gestelle in der rechten Hand.

Ich gehe die Straße entlang. Es ist noch heller und heißer geworden. Den Kopf immer noch voller Riesenkürbisse, setze ich meinen Körper auf eine Parkbank im Schatten. Vor dem Friedhof versammelt sich die nächste Trauergemeinde, eine Handvoll Leute, die gedämpft miteinander plaudern. Ich weiß nicht ob ich lachen oder weinen soll und verschiebe die Entscheidung auf später.

Rötelrot

Rötelrot

Wenn ich den Blick von ihrem ramponierten Gesicht abwende, nur meine Hand auf ihrem Haar spüre und mir den Vulkan am Horizont ansehe, dann trifft die völlig unangebrachte Romantik mich wie eine Ohrfeige. Wir zwei, eine Schlüsselszene aus einem Italowestern, in sattem Ocker, ich auf dem harten Boden sitzend, sie vor mir in stabiler Seitenlage − was fehlt, ist das traurige Gewinsel einer Geige. Stattdessen spießen sich zwischen der vertrockneten, geborstenen Erde spitze Steine und garstiges Gras in mein Gesäßfleisch.

Alles, was ich tun kann, ist, einen Schatten auf sie werfen, bis Hilfe kommt.

Sie hat sich noch immer nicht bewegt. Müsste ich sie jetzt porträtieren, würde ich meine liebe Not mit den Blautönen haben. Die Bluse ist von jenem ekelhaften Graublau, wie man es nur von Wasserleichen kennt; im Gesicht wiederholt sich dieser Farbton um die Nase und am Kinn. Unterhalb der Augen wird das Blau dunkler und lebendiger, und vom rechten Jochbein kriecht ein violetter Schatten zur Stirn, macht eine Kurve zum Nasenhöcker. Die rechte Gesichtshälfte muss gegen etwas geschlagen sein, aber die Nase blieb verschont: sie ist rosa und bildet einen krassen Kontrast zu dem hellen, warmen Karminrot der Platzwunde auf der rechten Hälfte der Oberlippe. *Schönes, warmes Karminrot.* Für die Wunde würde ich Acrylfarben nehmen und fett auftragen, um die Verletzung in ihrer Bedeutung durch satte Plastizität zu unterstreichen. Für den Rest des Gesichts würden es Aquarellfarben tun. Bei den Übergängen zwischen fett und dünn aufgetragener Farbe würde ich aufpassen müssen. Dort war eine klassische Falltüre. Jedes Bild hat eine Falltüre, meistens dort, wo es technisch heikel wird: Hände, Verkürzungen, Augen, Perspektiven. Umgeht man diese Bereiche nicht mit angemessener Vorsicht, macht man einen falschen Strich, wird nervös, radiert und kratzt herum und am Ende ist alles noch schlimmer als zuvor und, wer auch immer das Bild betrachtet: der Blick wird magnetisch zum Fehler gesaugt.

Sie hat Deine Haare, fast. Für einen kurzen, schrecklichen Moment, als ich einen ersten Blick in den Wagen warf, dachte ich, das wärst tatsächlich Du. Die langen dünnen Arme und Beine, Deine roten halblangen Locken, *wie kleine Schlangen*. Aber ihr Gesicht ist zu breit und ihre Lippen sind zu schmal. Sie hat wahrscheinlich auch nicht Deine Augen, die hinter den immer leicht verschwollenen Lidern nie richtig zur Geltung kommen wollten; aber ihre Augen sind geschlossen, ich kann das nicht erkennen. Sie hat auch nicht Deine tiefen, graublauen Augenringe, von den Prellungen mal abgesehen. Genau genommen sieht sie so aus, wie Du früher ausgesehen hast.

Ich habe so lange nicht an Dich gedacht, und dann das hier, Erinnerungen wie ein Kübel eiskaltes Wasser mitten ins Gesicht. Am Anfang vom Ende – ist das fünf Jahre, zehn Jahre her? – war mein Gehirn fast belagert von Gedanken an Dich, so viele Details, Wortfetzen, Szenen, Gerüche; ich quälte mich bewusst, holte Dich in meinen Geist zurück, immer wieder, wie ein Junkie. Und dann wurde das Erinnern an Dich seltener, ungewollter, schließlich nur mehr zufällig; aus Erinnern wurde Assoziieren. Dich aufzugeben war ein bisschen so, wie mit dem Rauchen aufzuhören – irgendwann vergaß ich scheinbar plötzlich darauf, Dich zu verdrängen.

Jetzt, wo ich diese verletzte, bewusstlose Frau ansehe, erschrecke ich fast, wenn mir einfällt, dass ich sicher ein halbes Jahr kein einziges Mal an Dich gedacht habe.

Wie er das wohl geschafft hat, mit dem Wagen gleich auf dem Dach zu landen? Wahrscheinlich zu schnell unterwegs, und dann am Schotter instinktlos auf die Bremse gestiegen. Die haben sich ihren Urlaub auf Teneriffa sicher auch nicht so vorgestellt. Da haben wir schon etwas gemeinsam.

Ich bin zufällig vorbeigekommen, auf der Flucht vor dem todlangweiligen Malseminar mit lauter rastlosen Pensionisten und Beschäftigungslosen, die aus lauter Langeweile ihre Kreativität hervorzerren und teure Leinwände mit ihrem banalen Gekleckse schänden. Ich mag nicht wie sie malen, wie die anderen.

Die Bilder vom letzten Jahr habe ich alle zerstört. Das musste sein, leider. Das Material war nicht gut, billige Leinwände, bröselige Farben, *totes Rot*. Aber wenigstens weiß ich jetzt, was ich will.

Für das kreative Schaffen in der Gruppe bin ich ungeeignet; das ahne ich schon seit längerem, jetzt bin ich mir sicher. Sind die Bilder der anderen gut, vergiftet mich die Missgunst; sind sie schlechter als meine, der Hochmut. Meine Striche sind so zittrig, etwas stimmt nicht. Die meisten von den Seminarteilnehmern malen abstrakt, ohne gegenständlich auch nur irgendwas zusammenzubringen. Das sieht dann ungefähr so aus, wie es klingt, wenn ein Mensch, der nicht Klavierspielen kann, glaubt, er kann jetzt improvisieren und mit Fäusten auf die Tasten schlägt. Bei mir ist das anders. Ich weiß ich kann malen, etwas in mir muss nur aufgeweckt werden, aber wie? In dieser Gruppe hier probierte ich ein paar Stillleben mit Paprikawurst, Wein und einem Hummer, aber das Rot des Hummers gelang nicht und ich bekam einen fürchterlichen Wutanfall und schleuderte den Pinsel gegen die Wand; jetzt kleben dort Flecken, wie Blut. Die anderen sehen nicht hin. Die Leinwand passte mir nicht, sie war nicht glatt genug. Dann war da dieses Aktmodell, ein Mann mit Haarknoten und weichen, teigigen Hüften, der sich am Boden herumräkelte und den Damen seinen Arsch hinreckte. Ich kann so nicht arbeiten. Nach drei Tagen wurde mir die Luft zu eng, ich packte meine Kreiden und meinen Block und borgte mir ein Motorrad aus, um hier, im Freien, ein paar schnelle, lockere Landschaftsstudien zu machen, mit meinen teuren, neuen Rötelstiften.

Und plötzlich dieses grotesk auf dem Dach liegende, weiße Auto vor mir, der schreiende und herumfuchtelnde Mann, der mir fast vor die Räder lief. Ich sprang von meinem Motorrad. Beim dritten Mal verstand ich erst, was der Mann mir mitteilen wollte. Meine Frau ist da drin, hat er immer wieder auf Französisch geschrieen. Hilfe. Aber was soll ich tun? Soll ich sie rausziehen? Je ne sais pas, mon dieu, je ne sais pas, Juliette, Juliette.

„Lebt sie?", fragte ich. Er zuckte die Schultern.

Telefon, schrie ich? Telefon, schrie er fast im selben Moment. Wir schüttelten beide den Kopf. Er jaulte auf wie ein verletztes Tier. Ich lief zum Wrack.

Mein bisschen Wissen über Erste Hilfe war verschüttet von flachen, nutzlosen Bildern aus dem Fernsehen, Hollywood, Reality TV, Nachrichten, Massenkarambolagen, schreienden, blutenden Menschen, so viel rot, rot,

Kunstblut, und echtes, schlampig vermischt. Ich riss mich zusammen und blickte in das Wrack. Darin stand die Welt Kopf. Nichts war an seinem Platz, weder die Armaturen, noch die Scherben, und schon gar nicht die Frau. Sie hing im Gurt, die roten Locken standen ihr zu Berge wie durch eine Laune der Natur, Ärmel und ein Teil des Rockes baumelten an völlig unerwarteten Orten. Kaum zu glauben, dass ein so langweiliges Phänomen wie die Schwerkraft so eine fundamentale Unordnung entstehen lassen konnte. Die weißen Airbags krochen wie riesige, schlaffe Zungen aus der Armatur, ich musste an die dadaistischen Kollagen von Max Ernst denken.

Die Augen der Frau waren zu, aus ihrem Mund floss Erbrochenes, auch ein bisschen rot, Rotwein-rot, nach oben, also nach unten, über die Stirn, in den Haaransatz. Auf den zweiten Blick sah es gar nicht so schlimm aus, wenig Blut, sie schien still und friedlich, weniger bewusstlos oder tot als schlafend. Also doch nicht Max Ernst, sondern eher Edward Hopper, *diese ruhige Traurigkeit in seinen Bildern.*

„Hallo", sagte ich leise. Sie reagierte nicht. „Hallo! Fräulein!" Ich überwand meine Scheu vor fremder Haut und tätschelte ihre Wange. Sie war warm und eigenartig pelzig. Ich griff nach ihrem Puls. Ein schwaches Schlagen sprang auf meine Fingerkuppen über wie ein Funke und machte mich glücklich. „Sie lebt."

Der Franzose verstand und nickte erleichtert.

Ich dachte nach. Wenn sie eine Wirbelsäulenverletzung hatte, durfte sie nicht bewegt werden. Aber das Erbrochene: konnte ein Mensch daran ersticken, wenn er mit dem Kopf nach unten hing? Fahrschule, Erste Hilfe Kurs, späte Achtzigerjahre. Verletzte in stabile Seitenlage bringen, weil sonst Gefahr besteht, an seinem eigenen Erbrochenen zu ersticken. Daran konnte ich mich erinnern, zu abscheulich die Vorstellung, um sie zu vergessen. Was für ein barbarischer, sinnloser, ekeliger Tod, habe ich mir damals gedacht. Ich erinnerte mich konzentriert. Außer stabiler Seitenlage war nicht viel gespeichert. Stabile Seitenlage war fast immer gut, es gab nur wenige Ausnahmen. Nur – welche? Lächerlich, anzunehmen, ich könnte mich an eine einzige erinnern.

Ich sah den Mann an. „Ich glaube, wir sollten sie rausnehmen. Wegen des Erbrochenen." Er starrte zurück. Sein hageres, blasses Gesicht drückte blankes Unverständnis, ja sogar Unwilligkeit aus. Ich versuchte es auf Englisch. Sein Blick wurde panisch. Ach ja. Franzosen. Was heißt Erbrochenes auf Französisch? Was Seitenlage? Warum können die nie Englisch? In meiner

Hilflosigkeit hasste ich ihn dafür, dass ich mehr über Erste Hilfe wissen sollte als er und jetzt auch noch meine dürftigen Sprachkenntnisse auspacken musste. Drei englische Worte fielen mir auf Anhieb für Kotze ein. Thrown up. Vomit. Puke. Ich zählte sie auf. Warum kannte er kein einziges?

„Scheiß-Franzosen", sagte ich wütend, bückte mich und zeigte auf den Mageninhalt in ihrem Gesicht. „Here, look? You see? She may suffocate. You understand? She can die. But I don't know. I'm a painter, not a doctor."

Das stimmte jetzt aber nicht. Ich male, bin aber kein Maler. Ich bin Biochemiker und töte Mäuse, um ihre Knochenzellen zu manipulieren. Das war mir plötzlich peinlich.

In seinem Gesicht erhellte sich etwas. „Oui. Oui. Je comprend." Und dann legte er los wie ein Wasserfall, ein sprudelnder, französischer Monolog, während er hastig die Beifahrertüre aufzumachen versuchte. Es hörte sich an als würde er mit Juliette reden. Ich verstand kein Wort, war aber froh, dass er wieder die Initiative ergriff. Das laute Scheren und Knirschen von Blech auf Kies ließ mir die Haare zu Berge stehen.

So schnell konnte ich gar nicht schauen, hatte er die Türe offen, den Gurt gelöst und zog die Frau aus dem Wagen, schleppte sie wie einen Zementsack ein paar Meter vom Auto weg und legte sie am Straßenrand auf den Rücken.

Ich schüttelte den Kopf, er machte gehorsam Platz, ich zog meinen Pulli aus und brachte sie darauf in die stabile Seitenlage, so, als hätte ich nie etwas anderes getan. Sah in ihrem Mund nach, fuhr mit dem Finger hinein und räumte ihn aus, mit der selbstverständlichen Nonchalance eines Sanitäters. In ihrem Mund war es warm, meine Aktionen liefen ganz automatisch ab, ohne Zweifel und Grausen. Das musste etwas damit zu tun haben, dass sie Dir so ähnlich sieht. Ich fasste Mut. Vielleicht war da noch mehr Wissen? Ich starrte Juliette an. Nein. Das war alles. Seitenlage. Kotze ausräumen. Mehr war da nicht. Ich drehte mich um; er stand hinter mir. „Motorbike!", sagte er atemlos und klopfte mit dem Zeigefinger auf seine Brust. „Je vais!"

Ich wunderte mich kurz, dass er nicht bei seiner Juliette bleiben wollte, aber wahrscheinlich dachte er, ich wäre medizinisch bewanderter als er, was wohl auch stimmte. Ich nickte, er sprang auf mein Motorrad, zündete es und gab Gas wie ein Prolet. Der Lärm durchschnitt die Luft, eine Staubwolke verwehrte mir die Sicht und zwang mich, die Augen zu schließen. Während ich mich neben sie setze, verlor sich das quäkende Knarren des Motorrades in der Ferne. Ich konnte nichts tun, als warten – ganz und gar den frisch erweckten Gedanken an Dich ausgeliefert.

Als ich Dich zum ersten Mal sah, im Einrichtungshaus Interio, da dachte ich mir schon von weitem: die muss ich mir unbedingt aus der Nähe anschauen, und ich ging schneller, damit Du mir nicht entwischen konntest, so neugierig war ich auf Dein Gesicht und Deine Stimme. Du lagst auf einem schlichten, dunkelbraunen Futon, am Rücken, die Beine leicht gegrätscht, was meinen Schritt, angesichts der Tatsache, dass Du einen nur knielangen Rock trugst, nur noch mehr beschleunigte.

Nur selten machen die potentiellen Bettkäufer so eine Show daraus wie Du. Ich habe es immer schon genossen, mir in den Einrichtungshäusern die Leute anzusehen, wie sie auf den Betten Probe lagen: konzentriert, mit geschlossenen Augen, sich den Schlaf vorstellend, ein lächerliches Unterfangen. Da werfen sie sich herum, versuchen, ihre Auflageflächen zu erfühlen, oder unterhalten sich mit ihren Partnern über die Beschaffenheit der Matratze. Zum Zusehen ist das aufregend intim, ein bisschen wie Reality TV, nur live und ohne Werbung.

Da lagst Du also, eine graumelierte Haube über die Locken gestülpt, eine große, braune Sonnenbrille auf der Nase, und hast die dunkelrote Satinbettwäsche gestreichelt. Auf dem Weg zu Dir wusste ich gleich: das perfekte Motiv für Edward Hopper. Als ich bei Dir angelangt war, bin ich stehen geblieben und habe so getan, als würde ich mich für das Bett interessieren, bin beiläufig über das Holz gefahren, habe das Preisschild inspiziert und mir die Augen dabei verrenkt, Dich möglichst unbemerkt von allen Seiten zu betrachten und vielleicht sogar einen Blick unter Deinen Rock zu werfen. Du hast mich natürlich sofort durchschaut, aber einfach weitergemacht mit deinem Bettgekraule, keine Spur von Scham oder Verlegenheit. Das hat mich ermutigt, nach einer Runde um das Bett vor Dir stehen zu bleiben, dich anzusehen und zu fragen: „Gestatten?"

Und Du klopftest mit der linken Hand auf das Bett, etwa so, wie man ein Hündchen ermuntert, auf die Couch oder den Schoß zu springen. Wir sind nebeneinander gelegen, unsere Handkanten haben sich berührt und mein Herz wummerte gegen die Rippen, so laut, dass ich Angst hatte, die Erschütterung meines Brustkorbes würde sich in der Matratze fortpflanzen. Niemand hat uns blöd angeschaut, keiner hat gemerkt, dass das ein erstes Mal war und keine langweilige Pflicht zwischen Eheleuten. Nach ein paar Minuten bist Du dann eingeschlafen. Das war die Höhe. Du hast sogar ein wenig geschnarcht, ganz leise und vornehm, wie eine Katze. Ich kam mir unbeholfen vor, setzte mich auf und überlegte, ob ich gehen sollte oder müsste. Aber so wollte ich Dich unmöglich zurücklassen, unser beider wegen. Also nahm ich meinen ganzen Mut zusammen und weckte Dich, indem ich Dich leicht um den Oberarm fasste und zudrückte. Du hast Dich geräkelt wie ein Tier und mich gefragt, ob ich einen Kaffee mit Dir trinken würde; ich überschlug mich fast vor Freude, ja natürlich wollte ich das, gerne. Wir tranken einen Automatenkaffee in der Cafeteriaecke und kamen ins Gespräch. Du nahmst die Haube ab und hast diese Locken freigelassen, *dieses rote Schlangenmeer.* Das war zu viel. Bei mir war es auf Anhieb Liebe. Bei Dir eher nicht, aber ich hatte Glück, dass Du eine Schwäche für Maler hast; das machte mich zumindest etwas interessant. Und weil ich gleich wusste, dass Du das gerne hören wollen würdest, sagte ich Dir, Du vorhin auf dem Bett, das wäre ein Bild wie von Hopper, nur besser, weil aus der Vogelperspektive, mit dem glänzenden Dunkelrot rundherum, in Öl natürlich.

Nach einer Stunde leerte sich das Einrichtungshaus, eine Frauenstimme forderte die Kunden zum Heimgehen auf. Wir kicherten blöd und Du hast überlegt, mit mir über Nacht hier zu bleiben, damit wir uns unter einem Bett verstecken und irgendeinen Blödsinn anstellen könnten, aber dann hast Du Dich anders entschieden und gesagt: „Mit dem Kaffee und dem paketierten Apfelkuchen hier ist aber kein Staat zu machen."

Wir gingen damals nach dem Interio zu einem Heurigen in der Gegend. Gemalt habe ich Dich nicht, oder? Ich weiß es nicht genau. Wo ist das Bild? Du hast oft nein gesagt. Es wäre Dir peinlich, dich auszuziehen. Das musst Du nicht, sagte ich, aber Du wolltest trotzdem nicht. Jedenfalls – wir sangen. In Deiner Wohnung stand ein altes, verstimmtes Piano, auf dem Du uns bis spät in die Nacht hinein zu unserem rauen, besoffenen Gegröle begleitetest. Billy Joel, Why Judy Why, außer uns schien es niemanden auf der Welt zu geben, der dieses Lied kannte. Oder Yesterday von den Beatles, wo wir uns wegen einer Harmonie im Refrain stritten. Auf den Tasten lagen Staub und Brösel, wohl auch dazwischen, denn zu manchen Tönen knirschte und quietschte es, dass einem schlecht werden konnte. Du hast das Klavier nicht sehr gut behandelt – wir spielten bei Kerzenlicht und stießen einen Kerzenständer um; das heiße Wachs floss hurtig zwischen die Tasten und versickerte in den Eingeweiden des Instruments, was Dir nur ein gleichgültiges Achselzucken entlockte.

Wir aßen Knäckebrot, Dosenfisch, Gabelbissen mit Mayonnaise und tranken roten Glühwein mit Orangenscheiben und Apfelstücken darin. Der Glühwein war notwendig, weil Du so stark gehustet hast. Ich habe ihn für Dich gekocht, damit er Dich gesund machte, aber spätestens nach dem zweiten Viertel hast Du zum Kettenrauchen begonnen und all die zimtige Wärme und Süße war umsonst. Ich habe nicht geraucht, nicht mehr, nur hie und da an Deiner Zigarette gezogen und sie danach wieder vorsichtig vor dir neben den Aschenbecher hingestellt, so, dass sie auf der kleinen kreisrunden Filterfläche stand. Ich hielt das für originell und witzig, und obwohl ich es gar nicht notwendig hatte, Dich zu beeindrucken, versuchte ich es, sozusagen als Draufgabe.

Danach habe ich Dich auf eine Cocktailparty eingeladen, nur Dich und sonst niemanden. Als ich Dir die Türe öffnete, selbst in Smoking und Fliege, und Du in Deiner ewigen, dunkelgrünen Jean angetanzt bist, war ich so beleidigt, dass Du sofort kehrt machtest und wenig später in einem bauschigen Tüllkleidchen in verschiedenen Rosatönen erschienst, stark und hastig geschminkt.

Das Kleid schloss mit einer schwarzen Samtkorsage ab und fokussierte den Blick auf das durch einen Schatten angedeutete sanfte U-Tal zwischen den Brüsten; ich erinnere mich noch, dass mich diese optische Verheißung halb wahnsinnig machte. Ich wurde unendlich neugierig, mein Blick förmlich hineingesaugt in die geheimnisvolle Landschaft deines Körpers, die ich dringend sehen wollte, musste, bis ins kleinste Detail. Irgendwann hob ich Dich hoch wie ein Tänzer seine Ballerina und legte Dich auf die Couch. Wir hatten uns davor ein einziges Mal geküsst, aber für mich war das so merkwürdig vertraut gewesen, dass ich gar nicht wollüstig hatte werden können.

Ab dieser Nacht jedoch begehrte ich Dich ohne Rücksicht auf den Verlust unserer Freundschaft, und Du hast mitgespielt, Deinen Körper willig, aber ohne Begeisterung an meinem gerieben, bis ich mit Dir schlafen wollte – was Du mir verwehrtest. Ich verstand das nicht und ließ nicht locker.

Am Horizont tut sich etwas. Eine Staubwolke, dann eine unscharfe Struktur, ein Auto. Mein Herz klopft. So sehr ich hoffe und mich darüber freue, dass Juliette bald gerettet und verarztet werden wird, so traurig bin ich, sie wieder hergeben zu müssen, ist sie doch eine Art auferstandene Nabelschnur zu Dir. Wie eine Leine, an der ein Taucher absteigt, führt mich die Nähe dieser bewusstlosen Fremden ins trübe Dunkel meiner Erinnerung. Hier in der Gegenwart ist die Sicht ausgezeichnet, ich bin mir ziemlich sicher, dass es sich bei dem Auto in der Ferne um einen Rettungswagen handelt. Das Fahrzeug ist noch weit weg, ein paar Minuten bleiben mir also noch mit ihr bzw. Dir.

Vorsichtig streiche ich ihr die Locken aus dem Gesicht, so schöne rote Locken.

Was dann genau passiert ist, weiß ich nicht mehr so genau. Wir hatten schon zwei Pina Colada, einen Wodka Martini und ich strich durch Deine Locken *rotelocken rot kommher puppe mit deinem tüllkleidchen. Du hast es nicht anders verdient. Warum warum warum sich nicht dafür hergeben, ja was glaubst Du denn? Brauchst nicht schreien nicht schreien HÖR AUF ausziehen hab ich gesagt, aber hopp hopp. Kreischen, jaja, das könnt Ihr. Will sich nicht malen lassen hha Das Bild an der Wand hat Dir nicht gefallen was Keine Farben im Haus nur Fernet und Blue Curacao und giftgrüner Bananenlikör ich hab ein schönes Bild gemacht von Dir an der Wand wo sonst Lange schöne gerade linien dann eine kurve verdammt viel buckeln, Raufasertapete, ärgerlichhör auf zu schreien warum warum nicht glatt? So ist gut nicht schreien stillhalten nicht wackeln hab ich gesagt hör auf HÖR AUF Und Wo ist der Kohlestift hab ich Dich gefragt wo hast du ihn versteckt? Locken wie rote schlangen setz die haube auf ja haube auf hab ich gesagt nicht weinen Zuerst die Augen anmalen dann die Augen malen dann weglaufen nicht weglaufen und wieder zurückkommen nichtweglaufen*

Langweg das bild halbfertig langweg kein rot kein grün kein braun Jetzt wieder da wiederda wiederda warum und das schöne warme gefühl runter hoppla. Nicht schreien endlich da eine glatte wand weiß schön weißundglatt nicht groß und amkopfsteht und aber gut so ist gut Brauchmehrrot für die haare mehr rot nochmehrrot rötellot rötellot so is gut –

Das Buffet ist eröffnet

Das Buffet ist eröffnet

Da steht er, dieser aufgeblasene Trottel, mit seiner zu kurz gebundenen Krawatte und seinem kleinen, teigigen Schmerbäuchlein, und er merkt rein gar nichts. Er sieht nicht, wie meine Andrea mit den Tränen kämpft, wie ihre Finger nervös herumflattern, der Rest des Körpers scheinbar ruhig, in Wirklichkeit aber kaum wahrnehmbar vibrierend, in ein billiges, graues Kostüm vom Kleider Bauer gesteckt. Alle sehen starr geradeaus, nur ich nicht, weil ihre Augen den Kampf gegen die Tränen gleich verlieren werden, es kann sich nur mehr um Sekunden handeln, dann wird die salzige Wärme überlaufen, wie am Herd vergessene Milch. Es bricht mir das Herz, aber ich kann auch nicht wegsehen.

Er redet von Zahlen, Jahresumsätzen und erreichten Zielen, dabei rudern seine dicken Würstelfinger durch die Luft, alles sein Revier, er ist der Rudelführer, der Chef – und er genießt es, er suhlt sich richtig in seiner Autorität, dabei bescheißen ihn die Meisten, die ein bisserl was im Hirn haben, von vorne bis hinten. Zugegeben, alle 30 Untergebenen auf einem Haufen, das gibt schon was her, zumindest fürs Auge, wahrscheinlich schwellen ihm jetzt die Eier vor lauter Macht. Ich schaue auf seine Hose, doch von außen sieht man nichts. Das wäre ja noch schöner, aber ihm traue ich alles zu. Vom Prokuristen zum Geschäftsführer in nur 4 Jahren, zwei gescheiterte Ehen, eine intakte, plus die obligate Vorzimmersekretärin als ewige Geliebte – das muss ihm mal einer nachmachen, egal, wie er es angestellt hat.

Ich kann nicht mehr weiter, keinen Schritt vor, keinen zurück. Vor 12 Minuten hat er noch ins Telefon gesäuselt, bald, bald, mein Liebes, nur noch Weihnachten abwarten, dann rede ich mit ihr. Ich habe ihn dabei beobachtet, durch die dicke Glastüre, durch mein schemenhaftes Spiegelbild hindurch - er hat doch die Chuzpe, mich süßlich und um Verzeihung heischend anzulächeln. Ich glaub Dir kein Wort mehr, Du Lügenmaul, hab ich ihm geantwortet, leise, aber bedrohlich. Aber eigentlich sollte er mir nichts mehr glauben, weil ich es bin, die immer noch da ist, wartet, duldet, seine Post macht, seine Korrespondenz ablegt und die Schweinerein mitmacht, für die die Frau

Gattin sich zu gut ist, einmal pro Woche, wenn seine Alte ihren Saunaabend hat. Vorgestern ist er eindeutig zu weit gegangen – hat er mich doch an meinem Geburtstag versetzt, und ich saß alleine in der kleinen muffigen Pizzeria Fernando, die „todsicher" ist, weil sich kein Schwein hinein verirrt. Ich im kleinen Schwarzen, aufgebrezelt wie ein Weihnachtspackerl, beim dritten Achterl Chianti dann schon ordentlich grantig – und er hat sein Handy abgedreht. Der Kellner, ein kleiner Rumäne, der auf Italiener macht, hat mich mitleidig angelächelt und das war's dann mit meinem Geburtstag.

Jetzt steht er seelenruhig neben seiner Frau und schwafelt uns voll mit Dingen, die noch nie wen interessiert haben, und sie nickt wie eine Kropftaube, wozu bitte, sie arbeitet nicht mal hier. Alle wollen nur die erlösenden Worte „Das Buffet ist eröffnet" hören, um sich zwei Stunden nach der Mittagspause den Bauch mit fettigen Surschnitzeln, triefendem Erdäpfelsalat und Dosenbier vollzuschlagen, alles geliefert von dem grindigen Beisl ums Eck, wo immer die Müllmänner zu Mittag essen. Mir wird schon von dem Gedanken, dass das Zeug hinter meinem Rücken steht, schlecht, aber der Wein ist ganz brauchbar, vor allem der Rote. Blauer Portugieser aus dem Doppler, ich hab mich schon reichlich bedient. Alkohol wird mich heute retten.

Was tut sie da? Die Tränen sind wieder eingesogen, sie richtet sich ein bisschen auf, nippt an ihrem Weinglas, nein falsch, sie klammert sich daran, fixiert seine Ehefrau und fragt sich wahrscheinlich – warum die und nicht ich, was findet er nur an dieser vertrockneten kleine Heuschrecke mit ihrer spitzen Nase und den toten Augen. Im Betrieb ist man sich einig, dass sie wie eine altmodische Kasperlhandpuppe aussieht, so eine mit schwerem Kopf aus Hartplastik. Besonders Bösartige finden überhaupt, dass sie sich auch so bewegt.

Es gefällt mir, dass meine verehrte Prinzessin den billigen Sekt verschmäht, das ist doch sowieso nur Nuttensprudel, nein, sie hat Klasse, sie trinkt ordentlichen Wein, pur, mit tiefen, gierigen Zügen, wie ein Pferd aus einem Kübel, die Nase tief im Glas steckend. Das Viertel ist in null komm nix weg. Sie schenkt sich nach, ihre kräftigen Bauernhände mit den harten, nach unten gebogenen Nägeln fassen den Doppler sicher und geübt an seinem schmalen und kurzen Hals und schenken nach. Inzwischen nähert sich die Ansprache dem erhofften Ende, jetzt wird noch die Jahresprämie verliehen, und dann ab ans Buffet. Aber nanu – das ist jetzt interessant: Er überreicht seiner Frau den Zettel, und die liest vor, süßlich und gönnerhaft: „Die heurige Jahresprämie verdient sich Andrea Brauner mit Ihrem unermüdlichen

Einsatz seit 2001. Sie hatte keinen einzigen Krankenstandstag im Jahr 2005, ist immer freundlich und adrett und zu den Fenstertagen stets einsatzbereit – ein Vorbild für die Belegschaft." Sie lässt den Zettel sinken und wirft einen kalten, grauen Blick mitten in die Augen ihrer Konkurrentin, die mit langen, aber wacklig aussehenden Schritten auf sie zugeht. Ob die Ehefrau von der Geliebten weiß? Darüber wird viel geredet und nachgedacht, aber wenig gewusst. Sag nichts, Prinzessin, bitte, ich weiß, es ist verlockend, aber bitte lass es. „Ich gratuliere", sagt die Frau vom Chef und streckt der Geliebten vom Chef ihre kleine schmale Hand hin. Zaghaft verschränken sich die Hände, die kleine verschwindet völlig in der großen, und Andrea dreht sich wieder um, jetzt hat sie einen roten Kopf, wahrscheinlich vom Wein und der Aufregung.

Die Kollegen klatschen immer noch, auch jetzt, wo ich wieder zurückgehe. Hört auf, ihr Trotteln, will ich schreien, das Kuvert auf den Boden werfen und drauf herumtrampeln, ich scheiß auf das Geld, ich will lediglich endlich offiziell mit dem Chef nicht nur geschlechtlich verkehren, sondern mal auf einen Kaffee in die Teeküche gehen oder ins Theater.

Was soll das mit der Übergabe durch die Ehefrau, hält sie sich für die Glücksfee oder glaubt sie, sie ist bei der Oskarverleihung? Was denkt er sich dabei, wenn er sie die Prämien verteilen lässt?? Und was bitte soll ich mit 500 Euro anfangen? Um das geht sich gerade mal eine neue Lackunterwäsche aus, so ein Teil mit Korsett und ausgesparten Brustwarzen, das ihren Gatten zum Winseln bringt. So gesehen eine kluge Investition. Wenn ich ihr das nur unter die Nase reiben könnte. Und schon stehe ich wieder am Buffet, mitten im Rudel der Belegschaft, eine kleine süße Beere in der Menschentraube. Ein Ende muss her. Der Buchhalter starrt mich die ganze Zeit schon an, dieser Psychopath mit seiner Mönchsglatze und dem fusseligen Schnurrbärtchen, der mir vor genau einem Jahr seine Liebe gestanden hat. Dass man so einen als Frau jemals auch nur in Erwägung ziehen kann. Unmännlicher geht's gar nicht mehr. Ob solche Männer je Sex mit einer Frau haben? Man sollte ihn von seiner Qual erlösen und ihm was gegen die Geilheit geben, Hormone oder so. Warum ist Mutter Natur so grausam und gibt auch solchen hoffnungslosen Fällen einen Sexualtrieb? Gemeine Schlampe. Warum kann sie die Gunst des Begehrtwerdens nicht gleichmäßiger verteilen, sodass auch für Männer wie den Buchhalter was abfällt und mein Chef nicht zwei Weiber am Hals hat? Ich kann mich nur wundern. Der Wein kreist in meinem Blut und wärmt es, Wein zu Blut und Blut zu Wein. Wenigstens hat Mutter Natur uns den Alkohol geschenkt und die Menschen die Fähigkeit zur Berauschung gelehrt.

So gesehen hab ich es nicht so schlecht – ich hab Sex und Alkohol. „Das Buffet ist eröffnet", höre ich ihn sagen. Na dann: Prost.

Das Buffet wird unfein gestürmt, etwa so, als hätten wir eine lange und entbehrungsreiche Wirtschaftskrise hinter uns. Andrea isst nichts, sie steht wie eine Litfasssäule im Eck neben einem Philodendron und nippt kontinuierlich an dem Wein, als hinge ihr Leben daran. Die Kollegen von Außendienst und Sekretariat bilden wie immer ihr eigenes Grüppchen, der Rest arrangiert sich ohne große Vorlieben eher lethargisch als höflich mit dem Stehnachbarn. Ich sehe mich um: Neben mir steht niemand. Das ist nichts Neues. Ich entscheide mich für ein fettig aussehendes Schinkenbrötchen mit einer nacktschneckengroßen Mayonnaisespur darauf, weil es bei mir eh schon wurscht ist. Langsam gehe ich auf sie zu, orte die Raumverhältnisse um die Zimmerpflanze und glaube, dass sich mein schmächtiger Buchhalterkörper in der schmalen Luftsäule zwischen Pflanze und Prinzessin ausgeht. Es stimmt, es geht sich aus. Andrea nickt mich verklärt an. Ihre Augen sind vom Rausch umschleiert, leicht gerötet, weicher, freundlicher als sonst. Eine Bissspur im Herzen ihrer Unterlippe hat sich mit Rotwein voll gesogen, ein fünfeckiges Mal, das ich gerne küssen würde. Sie muss mein Schmachten, mein visuelles Hängen an ihren Lippen bemerkt haben – angewidert dreht sie sich weg. Bevor ich zum Herumstammeln anfangen kann, irgendeinen Blödsinn, ein Wortgebilde mit dem einzigen Zweck, sie hier zu behalten, in meiner räumlichen Nähe, die ich so selten teilen kann, werde ich sie schon wieder verloren haben. Das Netz meiner Worte ist wie immer Luft. Alles an mir ist Einbildung, durchsichtig, nichts ist echt, kein Fleisch in greifbarer Nähe, nur Gedankennebel und Photonen aus dem Fernseher. Träume um Träume und keine Aussicht auf Erfüllung. Sie trinkt einen weiteren tiefen Schluck und sieht aus dem Fenster.

Na bitte, genau rechtzeitig stellt sich der Buchhalter neben mich. Der hat mir noch gefehlt. Verzweifelt kämpft er mit seinem labbrigen Brötchen und seinen Worten, und bevor er was rausbringt, steht plötzlich mein Chef vor mir, raschelnd materialisiert er sich aus dem Philodendron, als hätte er sich angeschlichen. „Kann ich Sie kurz sprechen, Frau Kollegin?", fragt er mich, mit betont autoritär in Falten gelegter Stirn. Seht alle her, sagt das Gesicht, das hier ist rein dienstlich. So ein schlechter Schauspieler, ich muss sofort lachen. „Aber natürlich, Herr Geschäftsführer", kichere ich. Der Buchhalter steht immer noch da, aber warum eigentlich nicht, ich hab Lust auf

Publikum. Er ist eher erstarrt und verdutzt als neugierig. Wie ein Kaninchen vor der Schlange, also eigentlich zwei Schlangen. Ich hab Lust auf Show. „Womit kann ich Ihnen denn dienen?", frage ich gedehnt. Jeder Vollidiot hat schon begriffen, dass der Chef was mit seiner Sekretärin hat – nur der Herr Geschäftsführer will immer noch verstecken spielen. „Unter vier Augen, bitte", sagt er ernst. Ich sehe, dass er Angst hat. Mir beginnt das Spiel zu gefallen. Was habe ich schon zu verlieren? Ein köstliches Gefühl, seinen Respekt zu sehen. Das bin ich nicht gewohnt. „Keine Ursache, Herr Geschäftsführer. Der Kollege...", ich lege den Arm auf Buchhalters Schulter, „...weiß Bescheid." Der Buchhalter grinst blöde. Ich merke, dass er weg will, aber das geht nicht, der Akt ist noch nicht fertig gespielt, also greife ich seine Schulter fester und schlage zusätzlich meine Nägel leicht in seine mageren Knochen. Noch bin ich mir nicht sicher, ob er Zuschauer oder Mitspieler ist, aber das wird sich weisen. Er zuckt zusammen, bleibt aber stehen. Ich lehne mich zu meinem Chef. Gesicht zu Gesicht, zwischen uns ca. zwanzig Zentimeter, er gleich groß wie ich, wegen der Stöckelschuhe. Vertraut und doch fremd, diese Nähe coram publico. Wir halten beide still. „Andrea", zischt er durch die Zähne, ganz ängstlicher, zorniger Schwächling, der nichts tun kann. Und das ist nur das Vorspiel. Die Macht siedet in mir, kocht, wirft Blasen. Erst jetzt komme ich drauf, jetzt, wo es fast zu spät ist. Strafe, verlangt es in mir, immer lauter. Mach ihn zur Sau. Vor allen, und vor allem vor seiner Frau. Ich komme noch näher, halte nur wenige Zentimeter vor seinen Lippen inne, seine Augen werden unscharfe, graue Aquarellkleckse, und ich sage leise: „Alle wissen Bescheid."

Genug ist genug. Als ich vorhin gehen wollte hielt sie mich zurück – sie hat mich sogar berührt. Noch blicke ich hin und her zwischen den beiden, Andrea ist betrunken und völlig von Sinnen; ihre Unterlippe mit dem rubinfarbenen Biss hängt ein bisschen, beim letzten Satz hat sie sogar ein wenig gespuckt. Der Chef hält sich ganz gut, windet sich, blickt um sich, sieht, der Schaden ist insofern begrenzt, da noch niemand außer mir, dem blöden kleinen Buchhalter, Wind gekriegt hat. Jetzt sieht er mich auch noch flehend an. Ich kann ihm das nicht abschlagen. Aber was? Was soll ich denn tun? Ich muss verhindern, dass Andrea weitermacht. So kenne ich sie gar nicht. Oh ja, die Frau hat zuviel Feuer und zu viel Alkohol. Wozu das Ganze: Es wird einen Mordskrach mit der Ehefrau geben, Andrea wird ihren Job los sein. Das kann ich nicht zulassen. Ich atme tief durch, nehme meinen ganzen Mut zusammen und greife ihr auf die Schulter. „Andrea, es ist genug. Das bringt doch nichts." Ihr Kopf fährt herum, so schnell, dass mir ihre Haare ins Gesicht peitschen, ein köstlicher Schmerz mit einer wilden Duftnote. Sie sieht mich an, zuerst furios, dann erlischt der Blick überraschend, wird schielend und sie sackt in sich zusammen. „Bring mich nach Hause", murmelt sie jammernd und lässt sich gegen mich fallen wie ein Sack. Ich halte sie ratlos. „Mein Gott", sagt der Chef und greift auch nach ihr. „Lassen Sie sie. Ich mach das schon", sage ich und versuche, ihm einen heldenhaften, aber etwas bösen Blick zuzuwerfen. Er nickt und lässt von ihr ab. Irre ich mich oder ist er eifersüchtig? Eine satte Zufriedenheit macht sich in mir breit. Ich schultere ihren Arm, greife fest ihre Hand, meine Rechte umfasst ihre Taille. Sie geht noch selbst, aber sehr schleppend und weich. So schwer sie auch ist, mein Herz ist leicht und flattert aufgeregt über uns dahin, ich genieße es, diese Berührung, das Vertrauen, das sie mir entgegenbringt, die Wärme ihrer Achseln und Handgelenke, ihre füllige Flanke dank Schwerkraft an meine gepresst. Die Kollegen schauen uns verdutzt nach, als wir den Saal verlassen. Schnaufend schleppe ich sie zum Auto, lehne sie gegen den Volvo während ich aufsperre und setzte sie dann auf den Beifahrersitz. Sie murmelt etwas Protestierendes, als ich sie anschnalle, was nicht sofort gelingt. Dann nehme ich am Fahrersitz Platz, stecke den Schlüssel an und genieße ein paar Sekunden lang, so nebeneinander zu sitzen, beide sehen wir gerade aus, als wäre es das selbstverständlichste auf der Welt. Wir könnten locker als Mann und Frau durchgehen. Würde mich ein Polizist aufhalten, ich würde sagen: „Entschuldigen Sie bitte, meine Frau hat zu viel erwischt. Sie wissen ja eh…" und würde ihm verschwörerisch zulächeln. Er würde mich brüderlich grinsend weiterwinken. Mit einem Lächeln drehe ich mich zu ihr. Der Biss auf der Unterlippe sieht im Straßenlicht fast blau aus; sie ist eingeschlafen und beginnt leise zu schnarchen. Der Tank ist voll. Wir fahren los.

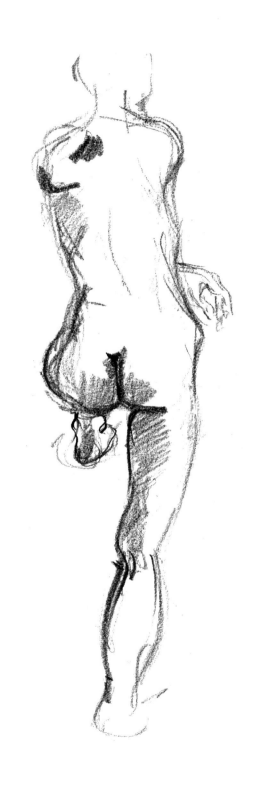

Im Kasten

Im Kasten

Die Luft im Kasten ist dicht und durchzogen von meinem Schweiß, es riecht nach Flohmarkt, tapezierten Schubladen, Schulschikursen und Staubmilben. Die Wolldecke, auf der ich kauere, ist eine von denen, die man sich nie, nie niemals aufs Bett legen würde, vor lauter Grausen und aus Angst, mit ihr in Berührung zu kommen. Durch den schmalen Spalt der Kastentüren sehe ich die Lampe wackeln, immer noch. Es ist genau genommen nur ein Lampenfragment, ein mickriges Tortenstück des Ganzen, aber ich weiß, dass es eine scheußliche, kegelförmige 70er Lampe aus grob gewobenem Plastikstoff ist, denn als ich mit dem Holzpantoffel dagegen schlug, tanzte die Lampe ausgelassen vor meinen Augen auf ihrem Kabel und es löste sich eine steinalte Staubwolke. Für einen kurzen Moment dachte ich, ich hätte einen bösen Geist aus dem Stoff herausgeprügelt, aber es war nur 30 Jahre angesammelter Staub.

Nora ist nicht mehr im Raum, aber ich traue mich trotzdem nicht raus. Ich sehe sie immer noch vor mir sitzen, noch bevor ich ihr eins mit dem Holzpantoffel übergezogen habe, hier in diesem schrecklichen Loch von einem Zimmer, mitten im schönen Salzkammergut. Schon als wir im Ort ankamen war die Stimmung im Arsch, trotz herbstlichem Gold auf den Bäumen und am Himmel, trotz langem Wochenende, trotz Aussicht auf Salzburger Nockerl, mit zwei Löffeln bitte. Nora war aus dem Wagen gestiegen, ein paar Schritte auf die andere Straßenseite gegangen und hatte an einen halbtoten Zwetschkenbaum gelehnt auf den See geblickt, alles ohne Worte und Erklärung und sogar von hinten traurig aussehend; das brachte wirklich nur sie zustande. Ich war sitzen geblieben, am Steuer, wenigstens ließ sie mich fahren, das war ja schon mal was. Nora bestimmt nämlich jedes Detail in unserem Leben, ob, wann und wo wir uns trafen, wohin unser Urlaub ging, wie wir es miteinander trieben, und was das passende Wort für unseren Zustand wäre, weil Beziehung, das Wort durfte ja nicht erwähnt werden, unter gar keinen Umständen. Sie verkaufte mir ihren aufgezwungenen Willen ganz gut, letztendlich kam es mir dann oft so vor als wäre es tatsächlich meine Wahl gewesen, z.B. Rehragout statt Wiener Schnitzel zu nehmen. In Wirklichkeit hatte ich den „Was soll ich nehmen"-Terror beenden wollen, weil Nora sich partout nicht zwischen dem Reh und dem Zürcher Geschnetzelten entscheiden konnte und immer nervöser wurde, bis es mir zu blöd wurde und ich schließlich sagte, O.K., ich nehm' das Reh, dann kannst Du kosten. Es war ihr dann nicht zu peinlich, nach dem Essen zu beteuern, das Reh wäre doch köstlich gewesen, oder etwa nicht, und ein Wiener Schnitzel könnte ich in Wien jeden Tag essen. So oder ähnlich verliefen die meisten Entscheidungen, die ich, oder besser gesagt, sie traf.

Aber seit ein paar Tagen ist alles anders, Nora schweigt und seufzt, und nach dem Frühstück in dem entsetzlichen Gasthaus kann ich förmlich riechen, dass ich alles falsch gemacht habe; nun, ich konnte nicht anders, der Wirt stand da und fuhr Nora an, weil sie den zurückgeschickten Kaffee mit dem säuerlichen Schlagobers nicht bezahlen wollte. Ich war gerade am Klo gewesen, und als ich zurückkam und sah, wie er, ein fetter verschwitzter Bauer, der das platte, borstige Gesicht eines Seeelefanten hatte, nach Noras Handgelenk griff, musste ich ihn einfach schlagen; mit der flachen Hand ins Gesicht, es klatschte nicht einmal, sondern knisterte nur wegen der Bartstoppel. Für Argumente war keine Zeit und Nora zerrte mich aus dem Gasthaus, ich stolperte klappernd in meinen Holzpantoffeln (die ich beim Autofahren oft trug, weil ich gerne ohne Schuhe fuhr und die so schnell an- und ausgezogen waren) hinter ihr her. Wir sprangen ins Auto und fuhren weg, der fettige Dunst von gebackenen Champignons wie ein hämischer Zeuge zwischen uns. Niemand folgte uns und nach fünf Minuten schüttelte sie den Kopf und fragte: „Warum tust du so etwas? Ich habe dich nicht darum gebeten." Ihr Gesicht war bleich und glatt wie eine Weißwurst und ich konnte nichts darauf sagen, denn ich wusste, sie hatte Recht, *ich* war der Hampelmann, nicht der fette Wirt. Ständig griff ich nach ihr, umklammerte sie, hielt sie fest, die ganze Zeit, wie ein Blutegel haftete ich an ihrem Herz, bettelnd um jedes Tröpfchen Liebe, das sie sich abrang. Seit wir uns kannten, bestand sie auf Diskretion, getrennte Wege, und immer wieder: Distanz. Von Anfang an hatte sie mir erklärt, ich wäre ihr Seitensprung-Experiment, eine Art Rachefeldzug gegen den kaltherzigen, treulosen Ehemann, der anscheinend unverzichtbar war, obwohl er sein Geschlechtsteil überall hineinstecken musste, wo es dunkel und feucht war, wie sie bitter erläuterte. Sie hatte einen Plan, sich *auch* zu amüsieren und vergnügen, und ich lieferte den Körper dazu; wieder und wieder beteuerte sie, Gefühle wären hinderlich, ja unerwünscht. Ist gut, hatte ich mich bereit erklärt, soll sein, ich bin dabei; wer hätte das nicht getan?

Schon längst hatte ich den Verdacht, dass ihr die Kontrolle entglitten war, zumindest wünschte ich mir wie wahnsinnig, dass sie mir ihre Zuneigung auch dann zeigen würde, wenn wir mal nicht nackt oder besoffen waren. Mit den Frauen war es bis jetzt nicht so gut gelaufen, und Nora war unglaublich, mit ihr war das Leben wie in einem französischen Schwarzweißfilm mit all seiner tragischen, süffigen Schwere. Wir waren pittoreske, gesellschaftliche Schattenfiguren, immer ein bisschen neben der Spur; nie waren wir in vollen Lokalen, nie in den eigenen vier Wänden, meist war Zwielicht oder Nacht und unsere Treffen waren kurzfristig arrangiert. Dieses Wochenende hier war richtiggehend bourgeoise, drei Tage ohne Unterbrechung, am helllichten Tage und einmal nicht in feindlicher Umgebung, sondern am Arsch der Welt, wo uns niemand kannte.

Nach der Ohrfeige sind wir also hier gestrandet, in einer Pension direkt mit Blick auf den Mondsee, der von hier wie ein in den Himmel starrendes Auge aussieht, das schon ewig in der Landschaft döst. Die Vermieterin ist freundlich, sie trägt doch tatsächlich ein Dirndl, und das, obwohl wir nicht angekündigt waren, sondern einfach nur angeläutet haben, weil das rote Fähnchen „Zimmer frei" draußen gehangen ist. Sie hat richtig echte, rosige Bäckchen, wie es sie nur auf dem Land gibt, und auch dort nicht überall, weil das Rosa sich oft nicht mit den Bäckchen zufrieden gibt, sondern gleich über das ganze Gesicht kriecht und es in einen roten Plutzer verwandelt, wozu man nicht aufs Land fahren muss, dies gibt's in der Stadt auch zur Genüge. Unser Zimmer hat seit den Siebzigern keinerlei architektonische Weiterentwicklung erfahren, das Bett ist ein Monstrum aus furniertem Holz auf vier dünnen, kränklichen Füßchen, das Betthaupt glänzt obszön wie eine Speckschwarte.

Ein dazupassender Kasten, ein Tischchen, ein Stuhl. Der Blick durchs Fenster fällt auf die Straße und den See. Auf der Fensterbank haucht eine Fliege am Rücken liegend mit müde tretenden Beinchen ihr Leben aus. Unsere Nachtkastel-Lampen sind pfirsichfarbene, tückisch gewundene Schlaufen aus einer Art Karton; sie passen nicht zur orangen Stofflampe an der Decke, und die wiederum schlägt sich mit dem bordeauxroten Spannteppich, der so dünn und abgewetzt ist, dass er fast schon wie aus Leder aussieht. An der Wand hängen zu unheilvollem Blau verblichene Landschaftsfotos aus der

Umgebung in dünnen goldenen Bilderrahmen, mit bauchig gewölbtem Glas. Man weiß gar nicht, wo man hinschauen soll, ein Detail ist trauriger als das andere. Der ins Waschbecken tropfende Wasserhahn (Dusche und Klo sind natürlich am Gang) rundet die Szene ab.

Wir sehen uns kurz an; dann wirft mir Nora einen verächtlichen Blick zu und stellt mit anklagendem Seufzen die Tasche aufs Bett. Ihr Spagat zwischen Anklage und Opferlamm beginnt, mich wahnsinnig zu ärgern. Die ganze Nora beginnt, mich wahnsinnig zu ärgern. Ihr Herumgezappel, ihr saublödes Betrugskonzept, das sowieso nie aufgehen würde, diese Rücksichtslosigkeit, dieses ständige Um-sich-Schlagen wegen dem bisschen Liebe, das wir einander geben – mit einem Mal sehe ich uns sehr scharf, die ganze nackte Erbärmlichkeit dieser Farce, und jetzt zieht sie auch noch ein Gesicht, weil ihr das Zimmer nicht gefällt.

Ich verliere die Geduld. „Was ist?", frage ich ungehalten. „*Du* hast das Quartier ausgesucht! Jetzt mach bitte kein Theater."

Sie setzt sich erschöpft auf das Bett, in das sie ziemlich tief einsinkt, und winkt ab.

„Ach lass nur", seufzt sie. „Es ist sowieso sinnlos."

Es klingt schrecklich erloschen, so ganz ohne Krampf und System, richtig echt. Mein Zorn verpufft, Angst kriecht in mir hoch, ich setze mich neben sie. Das Bett gibt unendlich nach. Wie zwei Eier in einem Nest aus Daunen sitzen wir nebeneinander, und sie greift nach meiner Hand.

„Ich hätte dich nicht hierher bringen sollen. Ich hätte es dir schon in Wien sagen sollen." Sie seufzt wieder und drückt meine Hand. Nach einer unheilvollen Pause verkündet sie fast feierlich: „Ich krieg ein Kind."

Der Satz fällt wie ein Stein vom Himmel. Von wem, will ich fragen, aber ich kenne die Antwort eh schon, und außerdem setzt sie gleich nach: „Von meinem Mann, natürlich."

Ich stehe auf, ihre Nähe scheint mir plötzlich gefährlich, unerträglich, ich will sie lieber direkt vor mir sehen. Mein Blick fällt auf ihren Bauch, und fast kann ich durch den Pullover, die Haut, die Bauchdecke, die Muskeln und die Gebärmutter durchsehen, auf diesen unheilvollen Keim, ein wenige Millimeter kleiner rosiger Zellhaufen, der alles zerstören wird. Dick und fett wird sie in ein paar Monaten sein, und ihrem Mann ein drittes Kind gebären, wahrscheinlich war es sogar geplant, als kleines Helferlein in der Ehekrise. Wer kann schon sagen, wie lange sie es geplant hat und seit wann sie es weiß. Vielleicht ist das Kind auch in einen leeren Uterus hinein erfunden, als unwiderlegbares Argument in dem Prozess, mich loszuwerden. So oder so, meine Rolle in ihrem Leben schrumpft in diesen Momenten zu einem bedeutungslosen Anhängsel aus einem aufgegebenen Projekt, ich weiß, was jetzt kommen wird: meine Entsorgung. Neues Leben, neue Hoffnung soll auf meiner Asche wachsen und blühen.

„Wie konntest du", bringe ich hervor.

„Ach komm. Wir haben doch von Anfang an nicht gewollt."

„Du du du du du hast nicht gewollt!! Rede nicht von uns!!!!", schreie ich. Meine Stimme überschlägt sich beim letzten Wort, beim uns, und ich weiß, ich bin mitleiderregend, erbärmlich und lachhaft, aber es tut schrecklich weh, ihr dabei zuzusehen, wie sie hier so abgebrüht über den Fortgang meines Lebens bestimmt. Gleich wird sie sagen, alles hat nichts bedeutet, oder umgekehrt, egal, am liebsten würde ich mir die Ohren zuhalten und aus dem Raum rennen. Aber ich bin immer noch hier und warte auf hastig aneinander gereihte Sätze, in denen die Wörter *leider*, *bitte*, *nicht* und *vorbei* vorkommen werden.

Sie räuspert sich und legt die Hände in den Schoß; es geht los.

„Hör zu, das hat doch keinen Sinn mehr. Unser Konzept ist nicht aufgegangen. Mir ist das alles zu schwierig. Dass ich schwanger bin, hat irgendwie alles verändert, ich kann jetzt nicht mehr so weitermachen. Ich will auch nicht." Sie sieht mich verzweifelt von unten an, diese falsche Ratte, jetzt versucht sie auch noch, mir Betroffenheit vorzulügen. Ich will auch nicht mehr, denke ich mir, nicht mehr vor ihr herumhampeln, um ihr eh alles schön recht zu machen, ihre Bedürfnisse zu befriedigen und ihre Launen zu ertragen. Ich will es ihr nicht leicht machen, mich einfach so abzubeuteln, wie ein lästiges Insekt. Rasch steigt der Spiegel meiner Wut, wie in einer Flasche schnellt der Pegel nach oben, wo es enger und noch enger wird.

„Es tut mir furchtbar leid, glaub mir…"

Ihre dahingesagte, substanzlose Entschuldigung ist zu viel, es macht Plopp, die Wut schießt hinaus, weit und schäumend, mein Solarplexus heiß und blutrot, ich ziehe einen meiner Holzpantoffel aus und zögere keinen Augenblick. Der Schuh saust durch die Luft und ich kann Noras entsetztes Gesicht gar nicht sehen, weil sie in Deckung geht, wortlos, ohne Schrei und Dramatik, nur Reflex und Mutterinstinkt. Aber es nutzt ihr nichts. Der Schlag macht ein hohles, kratziges Geräusch, ich hab sie erwischt, aber nicht frontal. Sie hebt den Kopf, ein Fleischlappen hängt dort, wo ihre Augenbraue sein sollte, ich verstehe das nicht, verwundert blicke ich auf den Pantoffel. Jetzt

erst sehe ich, dass er vorne abgeschlagen ist und spitze, grobe Späne heraus-
stehen; jetzt klebt ein bisschen Blut drauf, aber viel zu wenig für den Schaden, der in Noras Gesicht angerichtet wurde.

Ich habe sie verwundet, eine Spur in ihrem Gesicht hinterlassen, ich habe
ihr Schmerzen zugefügt. Verstört und auf nur einem Schuh stehend blicke
ich wieder zu Nora, die mich mit blankem Entsetzen ansieht und nach
hinten weicht. Die Hitze ist in Kälte umgeschlagen, aber ich habe noch nicht
genug, es tut so gut, von ihr respektiert zu werden, endlich, nur noch ein
bisschen, dann höre ich eh auf.

„Lass mich, du bist ja verrückt geworden!", schreit sie mit überschlagener
Stimme, während sie immer noch rückwärts robbt, bald ist sie auf der anderen Seite des Bettes angelangt. Die Innereien des Bettes quietschen dabei
wie ein leidendes Tier.

„Ja", sage ich drohend, „und das ist alles deine Schuld."

Langsam hole ich wieder aus, Nora kreischt, klettert rückwärts aus dem
Bett, ich springe hinauf, hole aus und beschleunige den Schuh, noch nicht
wissend, ob ich sie wirklich treffen will und wenn ja, wohin und wie fest.
Die Lampe nimmt mir die Entscheidung ab, sie schlingert wild über meinem
Kopf. Die Staubwolke stiebt zuerst weg von der Lampe und schließlich sinkt
sie ab, langsam und gleichmäßig wie der fallende Vorhang im Theater. Nora
nutzt mein Innehalten und rennt aus dem Zimmer.

Langsam steige ich vom Bett und gehe zum Fenster. Ich sehe Nora
schnell aus dem Haus laufen, eine Hand hält sie über die Wunde, sie will ins
Auto, aber den Schlüssel hab ja ich, ätsch. Als sie es merkt, stößt sie einen
Schrei aus, der gleichzeitig nach Wut und Verzweiflung klingt. So etwas habe
ich noch nie gehört. Sie läuft weiter, aus meinem Blickfeld. Am Teppich vor
dem Bett ist ein bisschen Blut, aber da muss man schon sehr genau hinsehen
um das Blutrot aus dem Bordeauxrot herausfiltern zu können. Plötzlich höre
ich die Wirtin telefonieren, ganz aufgeregt ist sie, jaja, eine Rauferei in einem
meiner Gästezimmer, zu zweit, ja, hört sich schlimm an, eine Frau ist gerade
rausgerannt, sie sieht verletzt aus, bitte kommen Sie gleich. Ich kriege Angst,
mit einem Mal, sehe mir meinen Schuh an, werfe ihn angeekelt weg und
sehe mich im Zimmer um. Verstecken, raunt mir mein Instinkt zu, schnell.
Ich bin aufgeregt wie ein Kind, unter dem Bett geht sich nicht aus, hinter
der Türe war immer schon ein grottenschlechtes Versteck, also bleibt nur
mehr der Kasten. Ich quetsche mich hinein, es geht sich knapp aus, im
Hängeteil auf der Decke. Mit Atemnot und Herzrasen sitze ich drinnen, die

Türe will ständig aufgehen und nur mit Mühe und schmerzenden Fingernägeln kann ich sie zuziehen. Außer an Noras tierischen Schrei vor dem Auto und an den blutigen Schuh kann ich an nichts denken, wie beim Pingpong rasen die Gedanken hin und her, Schrei, Schuh, Schrei, Schuh.

Plötzlich höre ich jemanden die Treppe heraufkommen, einen Mann, der laut schnauft. Ob er mich findet, in meinem guten Versteck, dem besten, das dieser Raum zu bieten hatte? Die Türe wird aufgestoßen und jemand kommt herein. Ausgerechnet jetzt geht die beschissene Kastentüre wieder auf; ich greife nicht danach, jetzt ist es sowieso zu spät. Langsam und leise quietschend öffnet sie sich, ich bin mit einem Mal erwachsen und schäme mich. Der Polizist sieht aus wie der Bulle von den Simpsons, er ist dick und hat riesige Nasenlöcher, aus denen weiße Haare kriechen. Der Gürtel schneidet seinen Fettwanst in zwei gleichgroße Abschnitte, die an Zellteilung denken lassen. Seine Hässlichkeit macht ihn sympathisch.

„Grüß Gott", sage ich kleinlaut.

Er runzelt die Stirn. „Was ist hier eigentlich los?"

„Ich weiß es auch nicht genau", sage ich leise.

„Na, junge Frau, kommen's einmal aus dem Kasten raus. Dann schauen wir weiter."

Die braune Couch

Die braune Couch

Die Stadt, die Baden so ähnlich ist, sauste an mir vorbei; am ersten Frühlingstag dieses Jahres transportieren wir also eine alte, räudige Ledercouch seiner Exverlobten zurück nach Klosterneuburg. Wir sprachen beide nicht viel und wenngleich ich versuchte, die lärmenden Schlussfolgerungen in meinem Kopf zu bändigen, erahnte ich Konstantins Gedanken, die er hätte, wäre er ich.

Unser Schweigen breitete sich wohltuend im Wageninneren aus.

Er bog in eine Seitenstraße mit dem anheimelnden Namen „Waisenhausgasse" ein, an deren Ende ein verträumtes, verfallenes Gutshaus stand, das hoffnungslos mit Efeu zugewuchert war. Ohne dass ich es beabsichtigte, fiel ein Kommentar aus meinem Mund, wie so oft in letzter Zeit; ob ich mich schön langsam in eine dieser wohlerzogenen, gut verdienenden Großstädterinnen verwandle, die Stefanelblusen mit Seidenschals kombinieren?

„Entzückendes Haus", sagte ich, und bevor ich mich über den süßlichen Timbre in meiner Stimme wundern konnte, war mir Konstantin schon – zum ersten mal überhaupt? – ins Wort gefallen: „...das ist es!" gab er eilig von sich; er schien gespannt, irgendwie *stolz* auf dieses Haus, auf seine Verflossene, auf diese extravagante Passage in seinem Leben.

Wir hielten und stiegen aus dem Auto; ich träge und angewidert, er leichtfüßig aber gespannt. An der Gartentüre beobachtete ich ihn scharf: Zuerst wollte er (aus Gewohnheit?) das Holztor öffnen, aber dann besann er sich, dass es wohl passender wäre, doch anzuläuten.

Ein kleinwüchsiges, blässliches Geschöpf erschien an der Türe, zweifelsohne ihre jüngere Schwester, eine schamlose Kopie jener Frau, die sein Herz in diesem erbärmlichen Zustand hinterlassen hat, mit dem ich mich jetzt herumplagen muss.

Konstantin stellte sie mir als Margit vor, und Margit gab mir ihre kleine kalte Hand. Wir gingen den abschüssigen etwas verfallenen Garten hinab. Überall wuchs Moos und dazwischen standen kleine Pavillons und Schuppen herum, hie und da auch eine Steinfigur mit schwermütigem, schläfrigem Gesichtsausdruck. Ob er sie hier gefickt hatte, unten am Pool, oder in dieser verfallenen Laube? Hatte er die gleichen Geräusche von sich gegeben, dieses kurzatmige, gequälte Raunen, das immer so abrupt laut wird? Oder waren sie genötigt gewesen, leise zu sein, um Margits damals noch jungfräulichen Charakter nicht zu besudeln?

„In die Sauna", gab Margit zwischen hartnäckigem Husten von sich. Als sie die blitzblau bemalte Türe aufgesperrt hatte und ein Öffnungsversuch scheiterte, nahm ihr Gesicht einen weinerlichen Ausdruck an. „Sie klemmt."

Konstantin schob sie sanft beiseite, riss an der Türe herum, klopfte sie fachmännisch ab, verzog das Gesicht und entfernte sich, um kurz darauf mit einem Schürhaken wieder zu erscheinen. Ich zog die Brauen hoch, aber anstatt mich zu beachten, hebelte er gewalttätig von allen Seiten an dieser Türe herum. Ich überlegte, mich anzubieten, und erschauderte lustvoll bei dem Gedanken an splitterndes Holz und ein verrenkt abstehendes, verbogenes Schloss – aber Konstantin hätte mir nie und nimmer das Werkzeug in die Hände gegeben, denn er war jetzt ganz *Schwager Konstantin, um den es fürchterlich schade ist.*

Wir schleppten das Monstrum aus fäkalbraunem Leder durch den Märchengarten und Konstantin gab Direktiven wie „Vorsicht" und „diese Seite nach unten" und „nicht *so* hinstellen" von sich, meine Handgelenke und Finger waren taub vor Schmerz und mein Kopf rot vor Zorn. Ich ging keuchend vor ihm her und am liebsten hätte ich die Bank einfach fallen gelassen und ihm eine satte Szene hingelegt, vor Sabinas Schwester natürlich.

Stattdessen trug ich tapfer Trumm für Trumm in die verfallene Sauna und wunderte mich über den starken Mann, der plötzlich in Konstantin erwacht war – als wir die Couch aus seiner Wohnung herausschleppten, hatte er wegen seiner offensichtlich zur Schau getragenen Kopfschmerzen wild grimassiert, laut gestöhnt und eine unaussprechlich leidende Haltung an den Tag gelegt. Lasten, die wenige Stunden zuvor scharf an der Grenze zur Unzumutbarkeit zu zweit getragen wurden, trug er nun alleine und das noch dazu mit der zähen Würde und unerschöpflichen Kraft eines tibetanischen Sherpas.

Ich drehte den beiden den Rücken zu und bewegte mit meinem Fuß vorsichtig die gigantische gefrorene Wassermasse im Pool. Das Eis widersetzte sich anfangs träge meinem mechanischen Einwirken, also stieß ich fester.

Mit einer erschreckenden Plötzlichkeit setzte sich der Berg in Bewegung und wummerte nun unvermeidlich gegen die dünne Plastikhaut, in der er gefangen war. Verstohlen drehte ich mich um; niemand hatte meine Verfehlung bemerkt. Mit stiller Konsequenz setzte sich das rhythmische Schlagen des Eises fort und ich beschloss, die Furcht vor dem Bersten der Poolwand einzustellen.

„Ich wusste nicht, dass du so stark bist!" hörte ich Margit atemlos sagen und ich drehte mich um. Sie setzte einen Polsterteil ab und maß Konstantin mit koketten Blicken.

„Geistig habe ich dich nie unterschätzt", fügte sie hinzu. Ich richtete mein Augenmerk auf Konstantin und mein Zorn schwand augenblicklich. Seine peinliche Schweigsamkeit, das ungelenke Dastehen, seine ganze Existenz erfüllte mich mit Rührung, tiefer Dankbarkeit und diffuser, völlig deplazierter Zuneigung. Er hatte begriffen. Auch Margit verzieh ich spontan.

Als wir wieder im Wagen saßen und in Richtung Wien brausten, fühlte ich mich verheißungsvoll verloren, wie in einer Großstadt, die man zum ersten Mal und noch dazu alleine durchmisst.

Panda

Panda

Ich traf den Cellisten im Foyer eines Lokals, in das ich zu Hause niemals gehen würde, um 4 Uhr 15 morgens in einem Schiort auf 1800 Metern Seehöhe. Die klirrende Kälte hatte meine Augen erbarmungslos gemolken; durch den glasigen Schleier sah ich nichts als das verschwommene Abbild eines großen dunkelhaarigen Mannes neben meiner kleinen blonden Freundin Klara. Die beiden standen mir im Weg, also stellte ich mich betrunken und ratlos neben Klara, griff mit der Rechten nach ihrer Hand und quetschte einen dicken Tränenstrom aus meinen Augen. Mit der Linken verwischte ich die Tränen und die Wimpertusche zu einer bröseligen, wohl grauschwarzen Emulsion. Ich sah mir die beiden genau an. Meine Freundin hatte nicht einmal bemerkt, dass ihre Hand in meiner lag, so hingabevoll und konzentriert war sie bemüht, Kopulationsbereitschaft zu signalisieren.

Das Gespräch zwischen den beiden war unhörbar für mich, verschluckt von Musik und gelegentlichem Hintergrundgebrüll Betrunkener, aber auch von meiner gewollten, akustischen Abstinenz. Den ganzen Abend schon war Klara wie in Trance, hatte aufreizend getanzt, ihre langen blonden Haare gebeutelt und den Kopf in den Nacken geworfen. Sie begann, mir auf die Nerven zu gehen.

Keiner von den vielen Interessenten, die sie im Laufe der langen Nacht umkreist hatten wie Raubvögel, dachte auch nur im Traum daran, dass Klara verrückt sein könnte, völlig verfremdet und vergiftet von einem aus den Fugen geratenen Cocktail aus Amphetaminen, Sedativa und Wodka Red Bull. Ihr Mann lag nach dem Absturz seines Sportflugzeuges vor neun Wochen in kleine Portionen zerfetzt und verkohlt in einem teuren Eichensarg in der fruchtbaren Schwechater Schwarzerde und schloss soeben als Nährmedium für Insektenlarven und Bakterien den Kreislauf des Lebens.

Wochenlang hatte ich an ihrer Seite gewacht, zugesehen, wie sie hartnäckig Tränen ausscheidend in ihrem Bett gelegen war, immer blasser und dünner wurde, bis sie eines Abends mit geröteten Wangen vor meiner Wohnungstüre erschienen war, durchscheinend und fahrig wie eine Illusion, und mich gebeten hatte, am Wochenende mit ihr hierher zu fahren, wozu auch immer.

Also stand ich nun wie ein Schlagschatten neben den beiden und wartete, darauf vorbereitet, gerade noch einschreiten zu können, bevor Klara ein Opfer ihrer dubiosen Reize würde, was ich in ihrem Zustand höchst bedenklich fand. Ich musste, nein, durfte auf sie achtgeben, die Stärkere sein.

Klara war immer die Schönere von uns beiden gewesen. Gleichschöne Freundschaften hielten nicht lange. Merkwürdig, dass beste Freundinnen nie gleich attraktiv sein konnten. Immer war eine schön und die andere bestenfalls durchschnittlich. Klara war zart, ätherisch und magisch. Mit der Zeit hatte ich gelernt, in ihrem Schatten zu leben. Und jetzt war alles anders, und trotzdem stand ich wieder im Schatten.

Den ganzen Abend hatte ich brav meine Pflichten erfüllt, als mich plötzlich bei dem Anblick der hingabevollen, manischen Witwe rasende Wut und gleich danach bodenlose Erschöpfung überfielen. Ich ließ Klaras kalte Hand im Reflex fallen, fast fühlte ich kreisrunde Spuren ihrer parasitären Absichten als blutleere Löcher in meiner Rechten. Ich wandte mich zum Gehen; geplant war, im Gedränge des Lokals einen guten Beobachtungspunkt zu erkämpfen und die Situation von dort unter Kontrolle zu halten.

Der Mann neben Klara zeigte plötzlich Reaktion auf mein Weggehen, hob die Hand und sagte: „Das wollte ich nicht, deine Freundin will sicher bei dir bleiben."

Ich starrte seine Handfläche an; all seine Fingerkuppen waren entlang einer scheinbar durchgehenden, horizontal verlaufenden Linie von einem massiven Schwielenband gezeichnet, welches mich in seinen Bann zog. Schnell zwang ich meinen Blick in sein Gesicht. Seine irritierende Hand sank hinab, er lächelte und gab eine gewinnende Lücke zwischen den Schneidezähnen preis.

„Ist schon in Ordnung", winkte ich ab, nickte, zwinkerte Klara zu und quetschte mich erlöst ins eigentliche Lokal. Es war ein überraschend geringer Anteil Überwindung dabei; bei Nüchternheit nämlich hasse ich Menschenaufläufe, gehe Situationen aus dem Weg, wo ich von fremdem Fleisch berührt, geboxt und angepoltert werde. Schon eine leichte, geduldet oder gar gewollt anfühlende Berührung zwischen dicken Jacken in der U-Bahn kann mich in den Wahnsinn treiben. Aber mithilfe der Aura einer ganz spezifischen Betrunkenheit wurde die Phobie zu einem Spiel, einer abartigen Geborgenheit in der Masse; das Gefühl, nicht fallen zu können, weil man feststeckt, die Lust, schamlos am Nacken eines attraktiven Menschen riechen zu können, all das überwiegt die unübersehbaren Nachteile der Drängelei in diesen seltenen Momenten.

So ein Moment war jetzt. Einsam, aber in gute, kompakte Menschenmasse eingegossen, floss ich zum Kleiderständer, entledigte mich meiner Jacke, ließ mich weiter zur Bar treiben, kaufte mir einen Whiskey Sour mit knirschendem Zuckerrand und stellte mich an einen Bar-Tisch, der aufgrund von Pärchenkonstellationen Distanz und Ruhe versprach. Von dort sah ich zu, wie das überschaubare Meer der Menschen gute Laune verströmte, sog die Banalität der betrunkenen Lebensfreude auf, goutierte ihre Rituale und leckte zufrieden am scharfen Zucker meines Drinks. Als ich wieder zur Tür sah, waren Klara und der Schwielenmann nicht mehr im Vorraum. Immer noch eingelullt, aber besorgt und etwas nervös, durchforstete ich die Menge aus Köpfen und fand sie neben einem neuen, glatzköpfigen Mann, sie immer noch fest entschlossen, sich um jeden Preis unterhalten zu lassen, er in konzentrierter Mission, die Mühe lohnenden Eindruck bei ihr zu hinterlassen. Die besoffenen Paare an meinem Tisch gähnten, die Männer stopften ihre Freundinnen wie Puppen in ihre Jacken und verließen das Lokal durch die schütterer werdende Masse. Ich sicherte mir einen der drehbaren Barhocker, nahm darauf Platz und blickte eine unbestimmte Zeit lang auf die Menge wie auf eine hofnärrische Inszenierung.

Eine jähe Drehbewegung des Barhockers entriss mich meiner Berieselung; bevor ich reagieren konnte, hatte sich mein Blickfeld um 180 Grad gewandt und ich blickte überrumpelt in das zahnlückige Grinsen von Klaras Schwielenträger, der unbemerkt an meinem Tisch Platz genommen und meinen Stuhl geschickt mit einem Impuls des Fußes manipuliert hatte.

„Hier bin ich", sagte er und reduzierte dabei sein Lächeln auf ein bezauberndes Minimum.

„Wo ist Klara?", fragte ich. Das Bedürfnis, ihn heute nicht mehr teilen zu müssen, wurde mehr als eine Ahnung. Er blickte zu Boden und schüttelte den Kopf, sein halblanges, dunkles Haar wogte dabei hin und her. „Nicht über Klara, sondern über dich reden, bitte", murmelte er. Ich nickte gehorsam.

„Was ist mit deinen Augen passiert?", fragte er.

„Oje", lachte ich. „Ich sehe aus wie ein Pandabär – stimmt's?", fragte ich grinsend, und er lachte laut auf und nickte. Klara hatte das einmal zu mir gesagt, du siehst aus wie ein Pandabär, was mich verletzte. Ich wusste, dass ich tatsächlich wie ein Panda aussah und wirkte, die Augen dunkel umrandet, schlecht geschminkt und die Schminke nicht gut gewartet. Pandabären waren langsame, träge Wesen mit großen, tief liegenden, hoffnungslosen Augen, immer einen Hauch von Aussterben verströmend. Mir war klar, wie es gemeint war. Ehrlich.

„Ich mach das gleich weg", sagte ich bestimmt, wollte ablenken, nicht an Panda und Klara denken. Also griff ich nach seinen Händen und drehte die Innenflächen nach oben. Ich wusste, die Hände gehörten jetzt mir, nein, der ganze Schwielenmann gehörte jetzt mir und ich hatte keine Angst, zurückgewiesen oder gar beleidigt zu werden. Der Whiskey hatte mich mutig gemacht. Abwartend überließ er mir seine Hände mit ihrem ganzen Gewicht.

„Was ist mit deinen Händen passiert?", fragte ich und starrte in seine Augen, um nicht wieder an der Zahnlücke hängen zu bleiben. Er war richtig schön, schön mit feinen Makeln. Seine Hände waren der Schlüssel zu seinem Geist, in den ich mich für kurze Zeit einzuschleichen gedachte.

„Das ist die Frucht der klassischen Musik. Ich bin Cellist."

Ich lächelte und wartete. Kein Finger war verschont von den Spuren der harten rauen Saiten. Ich spürte den Atem der Zeit, dachte an jahrelanges Musizieren, an dominante, fordernde Eltern, und an den erfolgreichen, zellulären Widerstand der Fingerkuppen. Ich erinnerte mich an 10-Groschen Münzen auf meinen Handrücken am Klavier, an die Unmöglichkeit, diese beim Spielen nicht abzubeuteln, an endlose, verhasste Etüden, die ich wie rasend spielte, um es schneller hinter mich zu bringen, an das Unvermögen bis zuletzt, Noten zu lesen. An den übertriebenen Stolz der Lehrerin, meiner toten Taufpatin. Ihm von meinem Trauma mit dem Klavier zu erzählen, hob ich mir für später auf. Ich ließ seine Hände los.

Der Cellist begann unaufgefordert zu sprechen; es war ein fließender Monolog über Musik, das Leben als Kammermusiker, halbherzige, sterbende Beziehungen, ohne Selbstmitleid oder Prahlerei. Ich hörte zu und beobachtete ihn dabei.

„Was ist mir dir?", fragte er, als er fertig war. „Was gibt es über dich zu wissen?"

„Gleich", antwortete ich und beschloss, aufs Klo zu gehen um mein Gesicht im Spiegel zu sehen, um mich wieder zu erkennen, bevor ich von mir erzählen würde.

„Komm bald zurück!", rief er mir nach.

Ich sprang in die Menschenmasse, quetschte mich zum Klo und verbrachte dort viel, zu viel Zeit. Der graue Halo um meine Augen ließ sich mühelos entfernen. Der Rest meines Gesichtes aber entpuppte sich als eine fremde, verunsichernde Masse mit roten Augäpfeln, rissigen Lippen und einem schiefem Mund. Mein Kopf war groß, asymmetrisch und mein Blick entrückt. Die Art, wie ich mich betrachtete, ernüchterte mich. Ich hatte mich ein bisschen verliebt und keine Chance auf was auch immer ich mir erwartet hatte. Ich wusch mir das verhasste Gesicht fest und brutal mit eiskaltem Wasser. Die Frau am Barhocker war eine tote Illusion. Es waren die anderen Frauen, die zum Verzaubern von geheimnisvollen Cellisten geboren waren; bösartige, verstörende Frauen mit federndem Gang und luftigen Gehirnen, Frauen wie Klara, gegen die nicht einmal ein toter, frisch begrabener Ehemann etwas ausrichten konnte. Langfristig würde ich nur Mitleid erregen. Ich kannte das. Pandabären dienen als Symbol aufgegebener Hoffnung, und man weiß um ihr Schicksal; kein Mensch wirft mehr auch nur eine Münze in ihre großen, hohlen Plastikabbildungen mit dem Geldschlitz am Kopf. Ich lehnte meine Stirn an die kühlen Kacheln, Hundertwasserimitate, und trauerte ein bisschen über die verlorene Leichtigkeit der letzten Stunde. Trotzdem würde ich zurückgehen. Vielleicht war er noch da. Wer weiß, wo Klara sich aufhielt. Möglicherweise gab sich der Cellist mit mir zufrieden, wenigstens heute, solang alle Klaras im Lokal in anderen Händen waren. Nach einer Minute hatte ich mich gesammelt und war bereit, in die Menge zurückzukehren.

Als ich die Massen vor mir sah, wusste ich, dass sich alles um mich verändert hatte. Die Menschenmenge war keine zufriedene Herde mehr, sondern ein betäubter Tumult, der jederzeit ausbrechen konnte. Ich holte tief Luft und suchte nach einem Ausweg. Nur eine kleine Lichtung im dicht geschlossenen System war zu sehen. Zwei Männer waren in Begriff, sich zu prügeln, und um sie herum hatte sich auf wundersame Weise Raum für Distanz gefunden.

Ich hielt wieder einmal Ausschau nach Klara, hatte meine Rolle wieder gefunden, obwohl in mir eine Gereiztheit siedete. Ich hasste Klara dafür, dass sie sich so selbstverständlich auf mich verließ. Sie wusste, dass ich sie suchen und finden würde, knapp bevor der rotgesichtige, britische Glatzkopf seine vom Alkohol pelzige Zunge in ihren Mund stecken konnte. Wer konnte schon wissen, was er mit ihr oder sie mit ihm oder sie mit sich selbst anrichten würde? Ich stellte mich auf die Zehenspitzen und spähte aufmerksam wie ein Erdmännchen durch das Lokal. Es war schnell leerer geworden, seit die Männer sich lautstark zu prügeln gedachten, was sie immer noch nicht taten. Wie eingefroren standen sie einander gegenüber.

Ich quetschte mich durch die Mitte, knapp an der vermeintlichen Gefahrenzone. Als ich mich hinter einem der Streithähne vorbei schob, um den kürzesten Weg zu meiner Jacke zu nehmen, lösten sich die beiden plötzlich aus ihrer Erstarrung, verkeilten sich ineinander und bewegten sich als tobendes Bündel auf mich zu. Ich konnte nicht ausweichen. Ein dumpfer Schlag traf mich an der Schulter, der mich mit verblüffender Heftigkeit aus dem Gleichgewicht warf. Ich taumelte, verlor den Halt und stürzte mit Wucht in den Kleiderständer, riss ihn in einer unheilvollen Umarmung um und landete mit lautem Krachen am Boden; ein heftiger Schmerz am rechten Nasenflügel ließ keinen Gedanken, keine Geräusche und keinen anderen Schmerz zu. Ich stöhnte und legte meinen Kopf seitlich in das Konglomerat aus kaputtem Holz und Daunenjacken. Vor mir war ein Schleier aus grauem kratzigen Loden, der meinen heißen Atem reflektierte. Dann wurde es plötzlich bis auf aufgeregtes Murmeln gespenstisch still und gleichzeitig hell, die Musik war ausgegangen, das Licht an, und Hände zerrten an mir und brachten mich wider Willen in aufrechte Position. Die Prügelei war erledigt, bevor sie begonnen hatte. Ein großer, dicker Mann mit einem großen Delta geplatzter roter Äderchen auf den Wangen erschien vor mir und stellte mir eine Menge Fragen.

„Geht's? Können Sie stehen? Was ist passiert?"

Ich nickte beschwichtigend. In meiner Nase brannte ein wild zuckendes Feuer, übel schmeckendes Blut floss in meinen Mund, meine Arme und Beine zitterten, aber ich fühlte mich nicht in der Lage, noch eine Sekunde länger hier zu bleiben. Die Blicke der um mich Herumstehenden verrieten unterdrücktes Lachen ohne Mitleid; ich hatte offenbar allen Grund, mich zu schämen.

„Ich muss jetzt gehen", stieß ich hervor und wankte ohne Jacke aus dem Lokal. Im Vorraum drehte ich mich noch einmal um; alle sahen mir nach, aber niemand folgte mir. Ich stieß die Türe auf und erschrak über die beißende Kälte. Mein schneller, kondensierender Atem produzierte eine dichte Dampfwolke. Ich lehnte mich an einen Schiständer und blickte um mich. An die Hauswand gelehnt stand Klara, in einem innigen Kuss verbissen mit dem Cellisten, seine Hände wühlten entschlossen unter ihrem Gewand, nackte weiße Haut trat hervor und schien nicht zu frieren.

Klaras rechte Hand war eine äußerst mobile Klaue am Jeansstoff seiner Genitalien, ihre Linke knetete verträumt seinen Nacken. Ich starrte die beiden an. Das Gebilde war von unerträglicher, unverkennbar beidseitiger Freiwilligkeit. Nicht die leiseste Ahnung von falschem Verständnis war erahnbar. Ein kurzes, flüchtiges Bedürfnis, hinzulaufen und die Innigkeit zu zerstören, keimte auf und erstarb auch gleich wieder.

Ich wandte mich ab, versteckte mich hinter dem Schigestell und hockte mich auf den Boden, den Kopf in den Nacken legend, und sah nach oben. Es gab nichts weiter zu tun. Die Luft war allerorts von einem Glitzern erfüllt, das in Form winziger Schneekristalle im Gesicht fühlbar war. Das Glitzern war wunderschön und schien sich nach oben hin unendlich auszubreiten. Es war kalt, aber die Kälte hatte etwas Heilsames. Aus meiner Nase war Blut auf den Boden getropft und hinterließ dort vier hübsche, leuchtende Sterne im festgetrampelten Schnee. Ich stand auf, ging unbemerkt an den beiden vorbei, auf die Schipiste hinter dem Lokal zu, und musste plötzlich lachen, zuerst darüber, wie ich gestürzt war, dann über Klara, die vor nichts halt machte, dann über den Cellisten mit seinen faulen Tricks und zuletzt über meine tollpatschigen, überflüssigen Rettungsversuche. Das Lachen war fremd, aber befreiend. Je höher ich kam, desto intensiver schien das Glitzern auf der Piste zu werden; leise lachend stapfte ich im Schnee bergauf.

Vegas, Baby

Vegas, Baby

Mit Badeschlapfen und einem kurzen, glänzenden schwarzen Nachthemd über eine feuchte Herrenhose bekleidet schlenderte ich am Strip in Las Vegas entlang und fiel nicht auf. Ein träger Strom nordamerikanischer und ausländischer Touristen wälzte sich durch den grellen heißen Montag Vormittag, die Blicke nach oben gerichtet, auf die riesigen Hotels und Casinos, absurde Nachbildungen europäischen Kulturerbes, kitschige Themenparks und wahnwitzige Hochschaubahnen, alles scheinbar vom Himmel gefallen mitten in dieser gleißenden, lebensfeindlichen Wüste Nevadas.

Entgegen meinen Erwartungen war ich glücklich, fühlte mich frisch geschlüpft, hitzig, frei, bereit mitzuspielen, wobei auch immer. Vor dem riesigen Hotel Bellagio befand sich ein künstlicher Teich, Informationstafeln kündigten ein viertelstündlich stattfindendes sogenanntes Wasserballett mit größenwahnsinnig klingenden Dimensionen an. Das Chlorgeruch verströmende türkise Wasser zog mich in seinen Bann und löste ein schmerzliches aber nicht unangenehmes Ziehen im Magen aus – ein Gefühl, das nach Heimweh roch aber nach Fernweh schmeckte. Ich habe immer Heim- oder Fernweh, manchmal aber beides gleichzeitig. Auf der breiten Steinbalustrade ließ ich mich nieder und genoss das heiße Gift der Sonne auf meinen Schultern.

Die Menschen strömten weiter, französische Ehepaare mit weißen Schlapphüten, die üblichen rasch dahinwuselnden Japanerschwärme, dann absurd fettgefressene Amerikaner mit Oberarmen so dick wie Rümpfe, hängenden Fettwülsten in den Kniekehlen und Frauen mit kolossalen, atemberaubenden Ärschen. Alle aßen Chips oder Eis und tranken aus Pappbechern oder Plastikgefäßen in der Form des Eiffelturms. Zwischen den Gehsteigen verlief eine achtspurige Straße, auf der in regelmäßigen Abständen überlange Limousinen kreuzten. Eine Ahnung von Überforderung beschlich mich, aber ich wischte sie beiseite und ließ die Eindrücke auf mich einprasseln, saugte sie auf wie ein Schwamm, nur um nicht an das denken zu müssen, was sich am Morgen dieses Tages abgespielt hatte.

Ich weiß nicht, wie lange ich auf der heruntergeklappten Klobrille eingesperrt im Bad des Hotelzimmers gesessen und versucht hatte, ruhig nach-
zudenken.

Die Stille im Hotelzimmer, das Wissen um die Präsenz meines wütenden,
schmollenden Freundes Clemens hinter der verschlossenen Türe versetzten
mich in Panik. Unser Streit war von einer ungeahnten Heftigkeit gewesen
und eine Versöhnung bei diesem Stand der Dinge hoffnungslos. Still ließ ich
die Abfolge der Ereignisse sedimentieren, Schicht für Schicht. Ein halbes Jahr
Beziehung. Langeweile. Bedeutungslose Krisen. Substantielle Krisen. Urlaub
in Las Vegas. Schwerer Streit an Tag zwei des Urlaubs. Flucht ins Bade-
zimmer.

Es galt, das Hotelzimmer zu verlassen, möglichst ohne eine weitere
fruchtlose Konversation zu provozieren. Meine Bockigkeit hatte in den
Stunden des Eingesperrt-Seins dem Anlass völlig unangebrachte Dimensionen angenommen.

In meiner eigenen riesigen Blase aus Trotz und Wut gefangen hatte ich
schon als Kind keinen Ausweg gefunden. Ich wusste aus bitterer Erfahrung,
dass nur eines half: Distanz und wirres Herumrennen, bis dem Monster in
mir die Kraft ausging.

Dies war nun schon der zweite Versuch; meine vorherige Flucht war von
Clemens vereitelt worden, der sich angepirscht und so lange vor der Klotüre
verharrt hatte, bis ich sie, mich in Sicherheit wiegend, lautlos aufschloss, fast
gleichzeitig aufriss und hinausstürmte, mitten in seinen vorwurfsvoll da-
stehenden, massigen Körper hinein. Sein fassungsloser Blick traf meinen,
bevor ich wie eine Krake die feige Flucht nach hinten antrat, die Türe
verschloss, mir die Ohren zuhielt und es mir wieder am Klositz gemütlich
machte. Schließlich entdeckte ich Clemens bierbefleckte Hose, die er, braver
Hausmann, noch vor dem Zubettgehen ausgewaschen und zum Trocknen in
der Duschkabine aufgehängt hatte. Ich zog sie an, das klamme Gefühl war
mir egal. Dann öffnete ich das Schloss geräuschvoll und entschlossen, trat aus
der Türe, griff nach meinem Rucksack und den Schuhen und verließ das
Hotelzimmer. In den Spiegel im Vorraum blickend, sah ich Clemens am
Rücken im Bett liegen. Seine Augen waren geschlossen und ich wusste, ich
hatte ihn weich gekocht; mürbe, verzweifelt und gefügig wartete er nun auf
Rettung, bereit, auf meine Forderungen einzugehen, wie abstrus auch immer
sie wären. Es ist zu spät, war der einzige Gedanke, der von mir Besitz er-

griffen hatte. Mich diesem beugend riss ich mich von dem Anblick los und verließ das Zimmer.

Gurgelnde Geräusche lenkten meine Aufmerksamkeit auf die Gegenwart; hinter mir war das Wasserballett ausgebrochen, mächtige Fontänen schossen aus der Wasserfläche empor, die Choreographie den kitschigen Rhythmen einer Celine Dion-Nummer gehorchend. Der plärrende Gesang verdarb mir den Spaß an der Sache, also ging ich schnell weg und wechselte die Straßenseite. Ich kaufte mir eine Flasche Wasser und ein Sandwich mit Zwiebel und Thunfisch und schlenderte weiter, überquerte den Boulevard unzählige Male auf Rolltreppen und machte ein paar Fotos, von denen ich wusste, dass ich mich später darüber ärgern würde, weil das Licht grausam und grell war und die meisten Bilder versaut haben würde. Beim Hotel Hilton angelangt hatte ich mein ganzes Wasser geleert und musste pinkeln, also trat ich ein, erschrak wie immer über die verschwenderische, klimatisierte Kälte, deren Künstlichkeit man fühlen kann. Das großzügige Foyer war bis zum Bersten mit Spielautomaten gefüllt, deren Geblinke und Gedudel mich sofort einlullte. An den Automaten saßen Menschen, die mechanisch und freudlos Münzen in die Geldschlitze warfen, in sich zusammengesunken, mit starrem Blick, selbst zu Maschinen geworden, zu Geldvernichtungsmaschinen. Von meinen schlaflosen Wanderungen in unserem Hotel wusste ich, dass die Automaten Tag und Nacht besetzt waren und fast beneidete ich diese Narren um ihre naive, besessene Trance, mit der sie sich vom Glücksspiel verschlingen ließen. Auf dem Rückweg vom Klo fiel mein Blick auf eine Reklame, welche für eine Show in diesem Hotel warb. Sie zeigte eine Szene aus Star Trek: Klingonen, Borg und Captain Jean Luc Picard tummelten sich darauf und versprachen eine Show „You won't forget" mit dem Namen „Borg Invasion". Ich wurde neugierig, und, angesteckt von der omnipräsenten Gier nach Ablenkung und Unterhaltung, befahl ich mir, mich von der Unterhaltungsmaschinerie verführen zu lassen und folgte den Schildern. Sie führten in einen abgedunkelten Komplex, der dem Raumschiff Enterprise verblüffend ähnlich war. Am Kassenschalter standen Angestellte in Raumschiffuniformen mit spitzen Vulkanierohren; eine mittelalterliche Dame mit einem schlaffen Doppelkinn wie aus Hühnerhaut knöpfte mir 30 Dollar ab und verabschiedete mich grinsend mit dem Vulkaniergruß, der gespaltenen V-förmigen Handfläche. Ich grüßte etwas verlegen zurück. Von der Begeisterung der anderen Besucher angesteckt, amüsierte ich mich bereits, als ich durch die schmalen Gänge mit allem nur erdenklichen Star Trek Klimbim – Waffen, Kommunikatoren, Gewänder, Uniformen – zur eigentlichen Show schlenderte. Realistisch kostümierte Klingonen und Borg gingen im Bereich auf und ab und starrten einen arttypisch an – die Besucher kreischten vor Vergnügen und machten sich zum Trottel, indem sie für Fotos vor ihnen posierten. Wie resignierte Tiere in einem Streichelzoo ließen die Kostümierten die Begeisterung der Besucher über sich ergehen. Schließlich gelangte ich an das Ende einer kurzen Warteschlange und nach wenigen Minuten wurden wir in einen kleinen Raum gebeten. Ein weißblonder Uniformierter, der sich als Lieutenant Ford vorstellte, begrüßte uns witzig und überschwänglich, fragte nach eventuellen Schwangerschaften und Herzleiden; da von den fünfzehn teilnehmenden Personen keine Reaktion kam, konnte die Show beginnen. Ich blickte mich um; wir befanden uns in einem hellgrauen Kobel, der einem Aufzug nachgebildet war. Der Aufzug plapperte Raumschiff-Nonsense, während ich die Leute gespannt taxierte. Das schwedisch Pärchen und ich waren augenscheinlich die einzigen Europäer, der amerikanische Rest – mit Ausnahme zweier ca. zwölfjähriger Buben ausschließlich Erwachsene – lärmte ausgelassen und voll Vorfreude, wie kleine Kinder. Eine monströse Frau um die 40 machte einen nervösen Eindruck, sie biss auf ihrer Unterlippe herum und ihre Finger vollführten rasende Krabbelbewegungen. Ihre Nervosität sprang auf mich über und mein Gehirn war plötzlich überflutet mit Nachrichtenmeldungen über Brände in Vergnügungszentren, verkohlte Leichen unschuldiger Besucher, die nicht rechtzeitig realisiert hatten, dass die sprühenden Funken todernst und die Panik auf den Gesichtern der Crew nicht nur gut gespielt waren. Mit Gewalt versuchte ich, die Bilder aus meinem Kopf zu verbannen, als schlagartig das Licht ausging und unter lautem Krachen die Erde bebte. Mit entsetzlich überschlagener Stimme rief der Lieutenant:

„Bleiben Sie ganz ruhig, es kann sich nur um einen Meteoritenschauer handeln! Die Notbeleuchtung wird sich gleich aktivieren!"

Ich sehnte mich nach Clemens und seinem belustigenden, aber sehr beruhigenden Händedruck, den er immer dann spendete, wenn ich im Gegensatz zu ihm blind in die Fallen der Unterhaltungsindustrie tappte, unfähig, den technischen Sicherheitssystemen zu vertrauen. Ein schwaches rötliches Licht ging an und ich sah mich schnell um. Die Hälfte der Leute schien belustigt, einigen aber war der gelungene Effekt anzusehen, sie sahen etwas blasser als der Rest aus und ihr Lächeln war zu bemüht. Die Buben grinsten breit. Ich versuchte ihnen zuliebe, mich von den Feiglingen abzuheben und lächelte der dicken Frau siegessicher zu; sie lächelte nicht zurück sondern drehte den Kopf schnell weg, die Lippen zusammenpressend. Spontan fühlte ich ihr gegenüber eine unglaubliche Verbundenheit, entschloss mich aber trotzig, mich überlegen zu fühlen.

„Computer. Bericht", befahl Lieutenant Ford fachmännisch.

„Fremde Lebensformen an Bord", schepperte die Aufzugsstimme. „Aktivitäten von Borg registriert. Der Captain ordnet an, die Besucher in der nächsten Raumfähre evakuieren."

Ich lächelte siegessicher. Mit solchen Evakuierungen konnte ich leben. Meine Angst vor wenigen Minuten war mir mit einem Male unendlich peinlich.

Lieutenant Ford blickte ernst in die Runde.

„Sie haben gehört was der Bordcomputer gesagt hat. Bitte folgen Sie mir ruhig, aber schnell. Wir haben keine Zeit zu verlieren."

Der Aufzug öffnete seine Türen. Wir gingen einen dunklen Gang entlang, der nur durch rot pulsierende Lampen beleuchtet wurde, die in mir Assoziationen mit innerkörperlichen Aufnahmen von Embryonen wach werden ließen. Bevor ich mich über diese Querverbindung wundern konnte, ließen mich mehrere spitze, überraschte Aufschreie zusammenzucken. Zwei Borg kam um die Ecke, einer von vorne, einer von hinten, mit langsamem maschinellem Gang, jeweils ein Auge ein rotes Glühen inmitten einem verdrahteten schwarzen Gebilde, dass ihre halbe Gesichtshälfte bedeckte. Ihre Haut war weiß geschminkt, Gesicht und haarloser grausiger Skalp glänzten schleimig, die transparente Haut unterminiert von blauen Adern, die totes, faules Blut zu transportieren schienen. Ich fürchtete mich ehrlich und drängte mich in die Mitte der Gruppe, die dicht zusammenstrebte, nun auch die Tapfersten gefangen von dem scheußlichen Anblick.

„Nicht schnell bewegen! Borg reagieren nicht auf Ihre Bewegungen, wenn sie gleichmäßig und langsam sind. Hier hinein", ordnete Lieutenant Ford an und deutete auf eine Türe, die sich aus dem Nichts geöffnet hatte. Erleichtert strömten wir in den schmalen, niedrigen ebenfalls rot beleuchteten Raum, der mit Sitzreihen versehen war. Hinter uns schloss sich die Türe mit leisem Zischen.

„Setzen Sie sich und schnallen Sie sich an. Taschen bitte in den Raum unter Ihrem Sitz verstauen. Wir werden mit der Raumfähre zurück zur Erde fliegen. Sollte Ihnen während des Fluges übel werden oder Sie sich unwohl fühlen, teilen Sie es bitte der Crew mit. Wir werden einen Weg finden, Ihnen zu helfen." Inmitten der realistischen Simulation schien dieser Hinweis lächerlich; die Gruppe lachte. Auch ich lachte; die ekligen Borg waren ausgesperrt, die Ansage erinnerte an einen ganz normalen Flug in der Economyklasse. Ich quetschte meinen Rucksack ins Gepäckfach und schnallte mich an. Neben mir saß die dicke ängstliche Frau, nun deutlich nervöser als zuvor im Lift. Zu Lippenbeißen und Fingerkrabbeln hatte sich eine Art Nicken gesellt, das mich sofort an eine Körner aufpickende Taube erinnerte. Mit Grauen wandte ich mich ab; allein vom Zusehen wurde ich kribbelig und bekam Juckreiz.

Das Licht verdunkelte sich um eine Nuance, das Rot wurde kälter und pulsierte jetzt schneller. Lieutenant Ford hatte sich jetzt auch angeschnallt. „Computer. Koordinaten. Kurs auf die Erde." Ein Triebwerke imitierendes Dröhnen hob an, gefolgt von einem ruckartigen meterhohen Anheben der Raumfähre im hinteren Bereich der Sitzreihen. Die wuchtige Mobilität des Raumes ließ mich stutzen. Am Bildschirm vor uns erschien ein diffuser Sternennebel, dessen Perspektive sich synchron mit dem Schwanken der Raumfähre bewegte. Plötzlich sauste ein großer orangefarbiger Planet auf uns zu, das Raumschiff wich mittels scharfer Rechtskurve aus. Ich verkrallte mich in den Handgriffen meines Sitzes, versuchte, die emporschwappende Übelkeit hinunterzuschlucken. Das zähe Zwiebel-Thunfisch-Gemisch in meinem Magen folgte dem fatalen Parcours mit leichter Verzögerung. Ich schloss die Augen, um die optische Verstärkung des Effekts auszuschalten. Aber so machte das Gerüttel der bestialischen Apparatur unter meinem Hintern überhaupt keinen Sinn mehr; jede Ablenkung war ausgeschaltet. Zentrifugalkräfte, Trägheitsmoment, Beschleunigung, Schwerkraft: Alle physikalischen Größen schienen es auf meinen Mageninhalt abgesehen zu haben, brachen wie apokalyptische Reiter über meinen Gleichgewichtssinn herein, boxten in meinen Bauch und zerrten von allen Seiten an meinen Eingeweiden. Stöhnend öffnete ich die Augen und probierte etwas Neues aus, blickte auf meine Sitznachbarin, versuchte mich am geteilten Leid mit meiner Verbündeten aufzurichten, bis ich sah, dass sie den Mund geistesabwesend leicht geöffnet hatte, die Mundwinkel schief, aber doch, nach oben verzerrt; ihr Körper war leicht zurückgelehnt, ihre Hände umklammerten starr, aber ruhig die Griffe: es bestand kein Zweifel – sie amüsierte sich, auch wenn es abstoßend und debil aussah. Ich wandte den Kopf leidend ab, vollkommen alleine mit meinem Schmerz, und überlegte krampfhaft, wie ich dieser kläglichen Situation entrinnen konnte, während der gezwiebelte Thunfisch merklich nach oben gewandert war, drängend und bereit, sich um jeden Preis den Weg aus meinem Körper zu bahnen. Ich begann, tief und laut ein und auszuatmen und im Augenwinkel sah ich die dicke Frau zu mir hersehen.

„Wir treten jetzt in einen Meteoritenhagel – halten Sie durch!" schrie Lieutenant Ford durch den Lärm. Ich erstarrte. Das war zuviel – wenn es noch schlimmer wurde, konnte ich den Thunfisch nicht mehr kontrollieren. Es gab nur einen Weg.

„Stop!", schrie ich. „Ich will hier raus!"

Alle Köpfe wandten sich um und die Leute starrten mich an, als plötzlich das Schwanken und der Lärm aufhörten und das Licht anging. Das Gefühl tiefer Scham traf mich mit aller Wucht.

Unter der Last der demütigenden und anklagenden Blicke bückte ich mich, um meinen Rucksack unter meinem Sitz vorzuholen. Ich fühlte mich ausgestoßen, verhöhnt und schuldig. „Es tut mir leid, mir ist schlecht", setzte ich kleinlaut nach, als ich wieder hochkam. Lieutenant Ford war gut geschult; man merkte, dass er schon gewohnt war, mit schlimmeren Situationen zurechtzukommen.

„Kein Grund sich zu schämen", sagte er schleimig lächelnd „das passiert den besten Piloten." Seine Augen verrieten, dass meine Schwäche ihn anwiderte. Während die Hydraulik die Sitzreihen sanft zu Boden brachte, sprach er mit fester Stimme in sein Mikrofon. „Krankenstation. Wir haben hier einen verletzten Piloten. Bitte kommen." Niemand lachte. Ich öffnete meinen Gurt, schnappte meinen Rucksack, quetschte mich mit gesenktem Kopf an der dicken Frau und den anderen Passagieren vorbei und ging zur Türe. Lieutenant Ford eilte mir entgegen, griff mir väterlich auf die Schulter und geleitete mich zur Schiebetüre. „Es wird gleich besser. Ein Crewmitglied wird Sie in Kürze hier abholen. Ich muss hier weitermachen, bitte warten Sie so lange vor der Türe. Ich kann Sie doch alleine lassen? Das Ganze braucht Ihnen nicht peinlich zu sein", redete er leise auf mich ein und drückte einen Knopf. Die Türe öffnete sich.

„Mir war nur etwas schlecht. Es geht schon wieder besser", flüsterte ich, nickte ihm zu und war erleichtert, aus dieser verrückten Kammer verschwinden zu können und endlich nicht mehr den bohrenden Blicken im Rücken ausgeliefert zu sein. Bevor ich durch die Türe trat, drehte ich mich kurz um und sagte „Sorry." Das Letzte, was ich sah, bevor die Türe sich

schloss, war der verwunderte Blick der dicken Frau, die mir mit weit ge-
öffnetem Mund nachsah; fast unmerklich hatte ihr Vogelnicken wieder
begonnen.

Der Gang war hell erleuchtet und jetzt, da keine Borg mehr herumliefen
und die Lautsprecher schwiegen, gar nicht mehr effektvoll. Die Verschalung
der Wand sah billig aus. Ich griff sie an; es fühlte sich an wie aus Plastik. Aus
dem Raum hinter mir kamen wieder dröhnende und polternde Geräusche;
ich fragte mich, ob sie das Programm nur unterbrochen hatten oder gleich
wieder von vorne starteten. Dann hörte ich nahende, sehr laute Schritte; ich
erschrak, als eine hühnenhafte Klingonin um die Ecke kam. „Nancy, ich hab
sie", polterte sie mit dunkler Stimme in ihr Headset. „Ich bring sie jetzt
rauf." Der deutsche Akzent fiel mir sofort auf; er lauerte hinter jedem Wort
und demaskierte ihre bemüht amerikanische Aussprache. Sie blieb vor mir
stehen und sah mich von oben streng und lehrerhaft an. Ich war schon sehr,
sehr lange nicht mehr so angesehen worden. Das letzte Mal vielleicht von
einem Polizisten? Ich wusste es nicht mehr. „Hallo", versuchte ich es auf
Deutsch.

„Na da haben wir ja unser deutsches Sorgenkind", sagte die Klingonin
verächtlich. Sie war ca. 1,90 Meter groß, ihr Gesicht schwer erkennbar mit all
den aufgeklebten Wülsten, die sich horizontal der hohen Stirn entlang-
laufend zu einem fleischigen Gebirgskamm aufwölbten. Die mächtigen
Augenbrauen wuchsen aus der Nasenwurzel schräg nach oben zu den
Schläfen, ein dichtes, wirres Gesichtsfell, das die Frau unendlich wütend
aussehen ließ. Die wilde verfilzte, braune Haarpracht ließ sie um noch zehn
Zentimeter größer aussehen. Sie jagte mir Furcht ein. „Österreicherin",
protestierte ich kleinlaut.

„Na dann wollen wir den kranken Piloten mal zur Station hinauf
bringen", sagte sie höhnisch und wandte sich zum Gehen. Ich fragte mich ob
sie nun jeden Satz mit „na" beginnen würde und ging neben ihr her, sie
verstohlen beobachtend. Sie trug eine Art bodenlanges tief dekolletiertes
Mantelkleid mit breiten Metallplatten wie überdimensionale Schulterpolster.
Eine obszöne, lange Brustfalte ließ einen eng zusammengeschnürten Riesen-
busen vermuten. „Willste mal greifen? Die sind nicht echt", unterbrach die
Klingonin mein Starren. Sie grinste mich an, eine gelbe hervorstehende
barbarische Zahnreihe entblößend. „Die sind auch nicht echt", fügte sie hin-

zu und klopfte mit dem Zeigefinger darauf. „Angeklebt wie ein verdammtes falsches Gebiss."

„Es ist mir so peinlich", brach es aus mir hervor. „Das sollte es auch!", antwortete sie, laut auflachend. Ich begann mich zu ärgern und blieb stehen. „Hätte ich alles vollkotzen sollen? Wäre das mutiger gewesen?" Sie legte mir ihre behandschuhte Pranke auf die Schulter und lachte wieder laut und polternd, den Kopf wild zurückwerfend. Offensichtlich hatte sie ihre Rolle zu gut eintrainiert. „Neee, so wars nicht gemeint. Friedensangebot. Ich lad' dich auf eine Cola ein. Mein Dienst hört jetzt sowieso auf. Abgemacht?", sie blinzelte mir zu. „Wir werden sehen", murmelte ich. „Wie heißt du überhaupt?" „Ich bin Lursa, die ältere der beiden Duras-Schwestern vom Planeten Kronos…", hob sie an. Ich winkte ab. „Bitte nicht den ganzen Scheiß mit Klingonen, Romulanern und so. Ich bin krank, schon vergessen?" Sie lächelte zum ersten Mal menschlich und trotz oder gerade wegen dem ganzen animalischen Aufzug fand ich sie sympathisch und überraschenderweise auch sehr erotisch. In ihrer Gegenwart fühlte ich mich nicht wie eine Idiotin, die ein ganzes Unterhaltungsprogramm unterbrochen hatte, nur wegen eines ungenügend verdauten Thunfischsandwichs; sondern wie eine bedeutende menschliche Protagonistin in einer Star Trek-Folge, die maßgeblich an der Rettung eines ganzen Planetensystems beteiligt war. Wir gelangten den Eingangsbereich, am Schalter musste ich bei der hühnerhälsigen Vulkanierin beteuern, dass ich keine medizinische Hilfe brauchte und eine Art Revers unterschreiben, während Lursa geduldig und schweigsam neben mir wartete. Ich schüttelte ärgerlich den Kopf. „Ihr Amis und euer Rechtssystem", sagte ich. Sie nickte. „Wäre nicht das erste mal dass das Hotel wegen so einem Scheiß verklagt wird. Außerdem bin ich keine Amerikanerin sondern Klingonin…" Weiter kam sie nicht. Ein pickeliger pubertierender Bursche kam auf sie zu gerannt. „Man! That's Lursa! Please, Daddy, quick, take a picture of her!", schrie er total überdreht, drängte sich an sie und vergaß fast in die Kamera zu sehen, weil er von ihrem Dekolletee so hingerissen war. Der apathische Vater knipste mit seiner Digitalkamera, Lursa starrte böse und klingonisch in die Linse. „Schnell weg von hier, bevor noch so ein jugendlicher Wichser daherkommt. Das sind die Schlimmsten." Ich sah sie ungläubig an. „In diesem Aufzug gehst du auf die Straße?" fragte ich sie. „Das ist Vegas, Baby. Außerdem…", sie sah prüfend am mir herunter, „…isses auch nicht schlimmer als mit einem Nachthemd ohne BH, oder?" Ich errötete. Dass sie mich Baby nannte, machte die Sache nicht besser.

Warum nannten mich hier alle Baby oder Honey? Ist es ein Kompliment, eine erwachsene Frau als hilflosen Säugling zu bezeichnen? Wir verließen das Hilton durch die klingelnde und blinkende Spielhalle und traten auf die Straße, geohrfeigt von der brutalen Mittagshitze. Lursa tat mir leid in ihrem heißen Kostüm, aber sie schien es stoisch hinzunehmen. „Ich würde ja gerne mit dir in ein Cafe gehen, aber so etwas haben wir hier nicht", sagte sie achselzuckend. Auf der Straße, dem *Strip*, sahen uns die Leute verwundert an, aber nicht alle. Viele gingen vorbei, ohne von der mächtigen Klingonin und ihrer menschlichen Gefährtin mit dem Nachthemd und den schaukelnden Brüsten Notiz zu nehmen. Nach wenigen Minuten deutete sie mit einem Kopfnicken auf eine Rolltreppe, die in einen McDonalds führte. Ich nickte und wir fuhren hinauf und betraten das Lokal. Drinnen war es eiskalt und roch nach altem, überhitztem Fett. Ein paar Leute sahen müde auf, unappetitlich tropfende Burger in sich hineinstopfend oder scheinbar mittels Trinkhalm fix am Trinkbecher montiert. Strohhalme sind wie zusätzliche, obligate Mundwerkzeuge an den Mündern der Amerikaner; am dritten Tag in den Staaten begann ich daran zu zweifeln, dass sie normal aus Gläsern trinken konnten. „Setz dich, ich bring dir eine Cola", wies sie mich an. Ich nahm gehorsam Platz auf einem der typisch amerikanischen, die Wände flankierenden Sitzbänke mit roten Kunstlederbezügen und faltete die Hände. Was tat ich hier eigentlich? Warum war ich nicht bei Clemens, sondern wartete in diesem kalten, ungemütlichen Lokal auf eine Klingonin mit vermutlich eiskaltem Coca Cola, das ich normalerweise gar nicht trank? Außerdem fror ich. Gänsehaut legte sich um meine Schultern wie ein schwerer Mantel. Lursa kam mit zwei riesigen Pappbechern voll Cola und Eis und stellte einen vor mich hin. Ich nickte dankend, stützte mich auf die Ellenbogen und sog am Strohhalm. Sie tat das Gleiche, stöhnte genüsslich nach dem ersten Schluck, lehnte sich zurück und verschränkte die Arme. „Na, nun zu dir. Was machst du allein in Vegas mit einem Nachthemd in einer Show, die eine Hausnummer zu groß für dich ist?"

Ich lehnte mich zurück. Etwas an der Frage, und überhaupt, an ihrem gesamten bisherigen Verhalten mir gegenüber ließ mich stutzen, und schließlich schoss mir ein, was es war: Sie stellte mir Fragen wie ein Mann. Sie *briet mich an*. Ich war etwas verschreckt, beschloss aber, mitzuspielen und mir nichts anmerken zu lassen. „Ich hab mit meinem Freund gestritten und es im Hotel nicht mehr ausgehalten", sagte ich gedehnt. Sie nickte und ihre Haare wippten mit. „Dachte mir schon so was."

„Wie heißt du eigentlich wirklich?" fragte ich. Sie seufzte. „Katharina Manners. Ich bin aus Kiel. Vor eineinhalb Jahren in die Staaten. Und wie du siehst…", sie schüttelte kokett ihre gepanzerten Schultern und ihren Plastikbusen, „ganz groß rausgekommen." Ich blieb ernst. „Wieso bist du weg aus Deutschland?" Sie zog die Brauen hoch und seufzte. „Meine Schwester war hier und hatte Probleme. Sie ist übrigens die zweite Duras-Schwester, B'Etor, die jüngere Klingonin. Ist das nicht witzig?" Sie lächelte kurz.

„Ich hab in einer Molkerei gearbeitet, Qualitätssicherung und so. Dann hat sie angerufen und gesagt, sie bringt sich um, Vegas ist die Hölle und so. Da bin ich hergefahren. Und hab den Job sofort gekriegt. Iss'n guter Job. Montag bis Donnerstag wechseln wir uns ab, ich vormittags, sie nachmittags. Freitag bis Sonntag müssen wir gemeinsam hin, da kommen die meisten Jungs. Da müssen wir zu zweit auftreten, damit die Jungs was zu sehen bekommen." Sie rollte die Augen. „Die sind ganz wild auf uns. Besonders wenn wir zu zweit sind. Das macht sie ganz geil. Jedenfalls, ich mag die Hitze und die Amis sind o. k." Ich nickte. „Und Deine Schwester?" „Hmm." Sie stützte das Kinn in die Handfläche. „Macht mit so'nem Borg vom Hotel rum. Er ist verheiratet und vögelt sie im Umkleideraum. Ein echter Wiederling. Aber ich geb' auf sie acht."

Ich nickte und fragte mich, wann sie sich nach meinem Namen erkundigen würde. Stille machte sich breit. Wir zuzelten beide lustlos an unserem Cola herum. Meine Zähne peinigten mich bei jedem Zug an dem braunen Eismeer in meinem Becher. Ich habe nie verstanden, was man an eiskalten Getränken finden kann. Trotzdem trank ich weiter.

„Und du?", fragte sie. „Bist glücklich mit deinem Mann?"

„Ich weiß es ehrlich gestanden nicht", antwortete ich und rührte im Eis. „Viele Machkämpfe. Wir haben momentan keine gute Zeit. Wir sind erst ein halbes Jahr zusammen."

Sie nickte wissend. „Vielleicht solltest du es mal mit einer Frau probieren?" Sie zwinkerte mir zu. Ich grinste verlegen und zuckte mit den Schultern. „Ja, vielleicht."

Völlig unvermutet erhob sie sich plötzlich, beugte sie sich vor, griff nach meinem Hinterkopf und zog mich zu sich. Dann gab sie mir einen zarten, trockenen Kuss auf die Lippen. Ich wehrte mich nicht und hielt still. Sie roch gut, nach Wachs und Haarspray und ein bisschen nach Rauch, aufregend und wild. Mein Herz trommelte in der Brust, ich spürte das lebendige, rasende Blut in meinem Hals und in meinen Schläfen; auf meiner bereits vorhandenen Gänsehaut bildete sich eine zweite. Meine Haut schien mir zu klein geworden zu sein. Wir verharrten wenige Sekunden bewegungslos. Dann küsste sie mich richtig. Sie schmeckte kalt und etwas bitter, aber wunderbar. Ihre falschen Haare kitzelten mich auf der Schulter. Ich war völlig gebannt, passiv, erstarrt wie ein kleines, unter einer riesigen Pranke gefangenes Tier. Schließlich lockerte sie den Griff, ließ los und sank langsam zurück in den Sitz. Sie sah mich mit schmalen Augen an. Ich saß noch immer verdattert da, nach vorne gebeugt, wie sie mich zurückgelassen hatte. Ich war vollkommen leer und leicht.

„Das war gut, was?", fragte sie mich, den Kopf leicht geneigt. Ich schloss die Augen und nickte.

„Na dann", sagte sie und erhob sich. „Mach's gut, Baby." Sie nickte mir noch einmal zu, drehte sich um und ging. Ich sah ihrer riesigen Gestalt nach und bevor ich irgendetwas von mir geben konnte, war sie schon aus dem Lokal verschwunden.

Erst jetzt fiel mir auf, dass mich zwei junge Männer einige Tische weiter anstarrten. Als ich den Blick erwiderte, sahen sie schnell weg und stocherten in ihren Pommes frites herum. Ich ließ mein Cola stehen, stand hektisch auf und lief hinaus, zurück in die wohltuende Hitze. Draußen angekommen ging ich langsam den Strip hinab, bis ich zum Teich mit dem Wasserballett kam. Ich stützte mich auf die Balustrade, starrte ins stille, künstliche Türkis und versuchte vergebens, meine Gedanken zu ordnen. Alles woran ich denken konnte, war, dass sie nicht einmal nach meinem Namen gefragt hatte.

Ich blickte auf. Neben mir hatte sich ein verrückt aussehender kleiner Mann hingestellt, der eine Kappe trug, auf der ein smaragdfarbener Leguan saß, der lange gelb-schwarz gestreiften Schwanz hing über die Schulter des Mannes und reichte fast bis zu dessen Hosenansatz. Das Reptil schien dem Kerl aus dem Kopf zu wachsen. Er sah mich durch seine fettigen violetten Sonnenbrillen an und grinste mir breit zu, eine Zahnlücke offenbarend. „That's Vegas, Baby", sagte er. Das Reptil zwinkerte.

Dann ging das Wasserballett wieder los.

144

Reindling

Das erste Mal fuhr ich mit dem Zug nach Kärnten, an einem Samstag nach Weihnachten, genaugenommen am 26. Dezember. Hubert hatte mich mit zögerlicher Gastfreundschaft eingeladen, nur einmal, aber immerhin. Ja, hatte ich gesagt, natürlich, ich komme gerne.

Weihnachten in Wien bedeutete, mit Mutti das alte Ritual durchzuspielen, obwohl nur mehr wir zwei da waren und es niemanden mehr gab, der uns dabei zusah. Schlimmer noch: Seit Vati vor drei Jahren zu Hilde gezogen war und Benno in Amerika lebte, wurde das Weihnachtstheater zu einer Art Einmannstück mit Mutti als – wenn auch ziemlich störender – Statistin im Hintergrund. Es begann damit, dass ich am Nachmittag des heiligen Abends mich der Zubereitung von Geselchtem und Kartoffelsalat mit Mayonnaise, Äpfeln und Erbsen annahm, während Mutti am Küchentisch saß, kettenrauchend Kreuzworträtsel löste und meine Aufforderungen, zu helfen, mit einem Murren kommentierte. Irgendwann legte sie dann die Zeitung weg und begann, sich über Vati zu beklagen, wobei sie sich den ersten Cognac einschenkte. Beim Aufputzen des Christbaums sah sie mir wenigstens still zu und nippte, je später es wurde, immer häufiger am Glas. Wenn ich die Kerzen anzündete und „Stille Nacht, Heilige Nacht" auflegte, hatte sie den ehrlichen Pegel erreicht, weinte ein bisschen, ließ sich aber nicht trösten. „Ist gut, lass das", pflegte sie dann zu sagen, erlaubte aber zumindest, dass ich ihre Hand hielt. Nicht mitzumachen und statt dessen der Flasche zuzusprechen war ihre Art, sich an Vati zu rächen, und mir das zu zeigen; als ob ich nicht wüsste, wie sehr sie die Scheidung verletzt hatte. Trotz allem hatte ich das Gefühl, ihr mit dieser weihnachtlichen Inszenierung einen Gefallen zu tun, so, wie ich wohl auch Vati einen Gefallen tat, wenn ich am 25. bei ihm und Hilde auftauchte und die Tochter vorspielte, die mit der Scheidung ihrer Eltern großartig zurechtkam und die neue Frau ohne Vorbehalte annehmen konnte. Irgendwann dazwischen rief ich Benno in Amerika an, und das, obwohl ich mir Jahr für Jahr schwor, es nicht zu tun und zu riskieren, dass er auf mich vergaß. Meine Freunde verdrehten gerne die Augen, wenn es um Weihnachten ging, doch während der Feiertage rief nie jemand an. Die Zeit bis zum Jahreswechsel versuchte ich, nicht daran zu denken, dass ich streng genommen keine Familie hatte.

Weihnachten heuer war anders gewesen, wenn auch nicht viel anderes passiert war. Am Horizont warteten Hubert und seine Familie vor dem Christbaum auf mich; das reichte, Muttis selbstmitleidige Betrunkenheit nicht so unerträglich aussehen zu lassen. Ich konnte es nicht erwarten, Huberts Umfeld kennenzulernen. Meine Neugier wuchs mit steigender Distanz zu Wien; viel zu langsam zog die dunstige, schneelose Landschaft an mir vorüber, der mürrische Kellner mit dem fleckigen Gilet servierte mir mein zweites Bier und ich rauchte eine Zigarette nach der anderen, um meine vor Nervosität nasskalten Hände zu beschäftigen.

Schon lange nicht mehr war ich so verliebt gewesen. Hubert war erst auf den zweiten, wenn nicht sogar dritten Blick gut aussehend. Ich brauchte zwei zoologische Sezier-Doppelstunden, um seine Hände schön zu finden, und nur eine weitere, um zu begreifen, dass sich ein eigentlich attraktiver Mann neben mich gesetzt hatte. Wir waren beide recht durchschnittliche Biologen, nicht so begabt und wissbegierig wie die Kollegen, die sogar in ihrer Freizeit alles zerstückelten, was ihnen über den Weg kroch. Die in Formalinlösung eingelegten Tierkadaver teilten wir uns, weil die Uni sparen musste. Ich war Vegetarierin und ekelte mich vor dem Schneiden und Wühlen in den grauen, stinkenden Tieren. Schon bald hatten wir eine Art Arbeitsteilung: Er schnitt, ich zeichnete. Sein Skalpell bahnte sich so mühelos den Weg durch Häute, Membranen, vorbei an wichtigen Organen und Gedärmen, dass ich ihn fragte, ob er den Kurs schon das zweite Mal besuchte, was nicht unüblich war. „Nein", antwortete er, den Blick nicht von der entzweiten Weinbergschnecke ablenkend, „ich bin ausgebildeter Fleischermeister."

Mein Vegetarismus war so profund, dass ich nicht nur dem Fleischessen abgeschworen hatte; ich musste mich anhalten, Menschen, die Fleisch aßen, nicht deswegen abzulehnen. Umso suspekter war mir der Beruf der Fleischhauerei, den ich mit Barbarei und Abgestumpftheit in Zusammenhang brachte. Aber es gelang mir nicht, diese Assoziation bei Hubert herzustellen. Möglicherweise lag das daran, dass er einfach nicht wie ein Fleischer aussah, sondern eher wie das Gegenteil davon: zartgliedrig, sehnig und blass, mittelgroß und mit riesigen, traurigen Künstleraugen. Seine Stimme war leise und melodiös, und in Nullkommanix hatte ich vor den zoologischen Übungsstunden Herzklopfen wie Schulmädchen.

Hubert blieb auf eine rätselhafte Art und Weise weiterhin kollegial, ohne jedoch uninteressiert zu wirken. Die Tiere wurden im Lauf des Semesters höherentwickelt und größer; die Komplexität der Baupläne machte es erforderlich, dass wir vierhändig sezierten. Wenn wir vereint die lebenswichtigen Organe aus der grauen, streng riechenden Masse von verschlungenen Sehnen, innerkörperlichen Membranen und Gedärmen herausarbeiteten, passierte es schon mal, dass sich unsere Hände berührten. Dann warf er mir einen Blick zu, der mir in den Magen fuhr. Bei den Seesternen ergab sich der glückliche Fall, dass sich beim Herausoperieren ihrer Geschlechtsteile unsere Köpfe berührten, und ich war mir sicher, dass dies nicht von unserem gebremsten, aber dennoch vorhandenen wissenschaftlichen Eifer herrührte. Erst bei den Amphibien trat eine wesentliche Änderung ein. So weltbewegend, wie die anatomischen Anpassungen waren, die den Fröschen in unseren Sezierschalen den Gang an Land ermöglicht hatten, waren auch Huberts erfreuliche Bestrebungen, sich beim Sezieren an mich zu lehnen, was untrüglich auf Absicht hinwies. Es konnte mir nicht schnell genug gehen, aber ich spürte, dass er von jener Art Mann war, die langsam und behutsam geknackt werden musste. Ich ließ ihn das Tempo bestimmen, so schwer es mir auch fiel. Die Evolution spülte uns mit kleinen Schritten weiter über raue, schuppige Echsen, nach denen wir unser erstes Bier trinken gingen, bis hin zu kleinen Vögelchen mit papierner Haut, nach deren Sektion und dem zur Gewohnheit gewordenen gemeinsamen Biertrinken ich zum Abschied meinen ersten Wangenkuss bekam. Als wir Mitte Dezember vor der noch warmen, sanft aus dem Bauchschnitt blutenden Ratte saßen, fragte er mich, ob ich nicht über Weihnachten nach Kärnten kommen wolle. Ich war selig.

Mittlerweile hatte ich ein bisschen etwas über seine Familie erfahren; Hubert, von Natur aus eher wortkarg und geheimnisvoll, wurde nach dem zweiten Bier erstaunlich gesprächig. Die Fleischerei Pratter war Arbeitsplatz für den ganzen Klan, der ziemlich groß zu sein schien. Hubert schwärmte von einem großen, alten Haus in der Villacher Innenstadt, das im Parterre den Betrieb beherbergte und in drei darüberliegenden Geschoßen von Huberts Onkel und Schwester mit deren Familien bewohnt wurde. Die Familie hörte sich sehr intakt und traditionell an; von familiären Winterspaziergängen in der meterhoch verschneiten Landschaft war die Rede, von Eislaufen, Kirchenbesuchen und Silvesterfeuer. In meiner Vorstellung füllte sich der größte Raum in dem schönen, alten Haus mit einem riesigen Weihnachtsbaum, unter dem sich rotbäckige Kinder tummelten, während die Erwachsenen einander großzügig beschenkten und herzlich umarmten. Als einzigen Störfaktor darin fand ich mich selbst; meine Rolle war mir in mehrerer Hinsicht unklar. Mir war bewusst, dass Hubert mich sehr schätzen musste, um mich im Rahmen einer so wichtigen, intimen Zusammenkunft wie Weihnachten seiner Sippe vorzustellen, aber: passte ich da hinein? Wie würde mich Hubert angekündigt haben? Als Freundin? Als Bekannte? Als Studienkollegin? Am meisten Angst bereitete mir der vorab verursachte Schaden, den mein Vegetarismus an meinem Ruf angerichtet haben konnte. Am Besten wäre es natürlich, meine Ernährungsweise zu verheimlichen. Ich betete zu Gott, dass Hubert in dieser Hinsicht nicht zu viel über mich verraten hatte. Mich selbst beschwor ich, ohne Vorurteile auf die Fleischerfamilie zuzugehen – so, wie ich es schon bei Hubert getan hatte.

Ich hatte im Gegenzug wenig von meiner Familie preisgegeben. Was hätte ich seiner auch gegenüberstellen können: eine zerrüttete, über drei Gemeindewohnungen in Wien und ein Substandard-Apartment in Amerika verstreute Kleinfamilie, wo neurotische, übergewichtige Hauskatzen die Stelle von Enkelkindern einnahmen. Hubert musste nichts darüber erfahren, dass mich die Einladung nach Kärnten vor ein paar nasskalten, trübsinnigen Tagen in meiner Wohnung bewahrt hatte.

Die letzte halbe Stunde der Bahnfahrt verbrachte ich damit, mir erste Küsse auszumalen und seinen sehnigen Körper nackt vorzustellen.

In Kärnten begann der Schnee flächendeckend und weiß zu werden.

Als der Zug im Bahnhof Villach einfuhr, stand ich schon einige Minuten an der Zugtüre und presste die Nase an die matt gewordene Scheibe. Opfer meiner viereinhalbstündigen Hineinsteigerung, befand ich mich in verzücktem Aufruhr.

Hubert stand in einem Lodenmantel mit aufgestelltem Kragen am Bahnsteig und verströmte einen Hauch von James Dean. Ich ging mit weichen Knien langsam auf ihn zu und wartete darauf, dass er die Intensität der Begrüßung vorgab. Zu meiner Enttäuschung gab er mir nur die Hand und einen kühlen, gehauchten Wangenkuss.

„Willkommen in Villach", sagte er förmlich. „Schön, dass du gekommen bist."

Ich nickte, rang mir ein pässliches Lächeln ab und folgte ihm zum Wagen. Seine trockene Höflichkeit verwirrte und verletzte mich, stand sie doch im krassen Gegensatz zu dem, was meinen schwülstigen Fantasien angemessen gewesen wäre. Nach einer kurzen Autofahrt hielten wir vor einem ehrwürdigen, alten Haus in der Villacher Innenstadt.

„Willkommen in der Fleischerei Pratter", sagte Hubert feierlich. Das „Pratter" sprach man „Protta" aus, mit einem Abbruch beim Doppel-T und einem sehr autonomen A. Sein ständiges Willkommenheißen gab mir das Gefühl, einem offiziellen Empfang entgegenzusehen.

Wir betraten die Fleischerei durch den an Wänden und Böden rot lackierten Lieferanteneingang, und ein scharfer Selchgeruch brach über mich herein; ich erstarrte. Der Geruch war auf befremdliche Art heimelig. Ich musste nicht lange darüber nachdenken, warum er mir vertraut war: Sofort fiel mir das schäbige, gelb gestrichene Stiegenhaus im Wohnhaus meiner Großmutter ein, die schon so lange tot war. Eine grüne Türe verband ihr Wohnhaus mit der angrenzenden Fleischerei, und das Stiegenhaus war fast immer gesättigt vom Geruch nach frisch gekochtem Geselchten. An manchen Tagen roch es eher wie die Haut einer Knackwurst. Auf meinem Gaumen erwachte eine Ahnung von heißem, fettigen Leberkäse in einer frischen Semmel, verpackt in gewachstem Papier; zeitgleich erschien Omas freundliches Gesicht mit dem großen braunen Muttermal zwischen Nase und Oberlippe vor meinem Auge. Die Erinnerung an meine Großmutter machte mich traurig – aber gleichzeitig vermisste ich zu meiner Verwirrung den Geschmack dieser Leberkäsesemmel. Ich hatte seit dem zehnten Lebensjahr kein Fleisch gegessen, und vor Leberkäse ekelte ich mich schon lange, bevor ich aufgehört hatte, Fleisch zu essen. Der Gedanke an meinen Vegetarismus holte mich zurück in die Gegenwart; ich erinnerte mich daran, dass ich Hubert eine wichtige Frage stellen musste.

Ich blieb stehen. „Hast du deiner Familie erzählt, dass ich Vegetarierin bin?", fragte ich ihn aufgeregt.

„Bist du verrückt. Natürlich nicht." Er grinste.

„Gott sei Dank. Das ist gar nicht notwendig. Ich will keine Umstände machen. Sie werden gar nichts merken. Ich kann das recht gut verbergen", antwortete ich mit fester Stimme.

Er nickte und lächelte; dann trieb er mich weiter, wie ein verunsichertes Schaf ließ ich mich die schmalen, gefliesten Stiegen in den zweiten Stock dieses unheimlichen, riesigen Altbaus hinaufführen. Es war finster und die Luft war dicht von Gewürzen und Selchgeruch. Hubert im Rücken zu haben, war beruhigend und erregend zugleich. Überall im Stiegenhaus waren dunkelrote Fliesen. Ich fragte mich, wieso ausgerechnet dunkelrot.

„Sie sind alle im Wohnzimmer und trinken ein Glas Sekt, weil wir Konrads Geburtstag feiern", hörte ich Hubert hinter mir sagen und spürte seinen sanften Druck, mit dem er mich in die Richtung einer gelben Glastüre schob, aus der polterndes Gelächter hervorquoll. Es klang spontan und offen wie das Lachen in einem Kabarett.

Hubert öffnete die Türe und schob mich durch den Vorraum, der mit denselben Fliesen ausgestattet war. Ich machte Anstalten, mir die Schuhe auszuziehen, aber Hubert schüttelte den Kopf und führte mich an den Schultern weiter. Der Druck seiner Finger in meine Schlüsselbeine wurde etwas fester, dann stand ich im Raum wie in einer Arena preisgegeben. Vor mir offenbarte sich die bei Tisch sitzende Familie, riesige, grobschlächtige Männer und kernige Frauen mit roten Bäckchen in Dirndln. „Darf ich vorstellen – das ist Hannah!", kündigte mich Hubert hinter mir beherzt an. Die Runde verstummte und gab sich konzentriert meiner Musterung hin.

„Ah ja", gab eine sogar im Sitzen groß aussehende Frau mit drahtigen, graumelierten Haaren von sich. Ich ging auf sie zu und streckte ihr artig meine Hand hin. „Meine Mutter", erklärte Hubert. Ich fürchtete mich augenblicklich vor ihr, präsentierte aber weiter meine Hand und sagte tapfer: „Grüß Gott." Sie stand auf, erwiderte meinen Händedruck, und nickte.

Einer nach dem anderen erhob sich nun und gab mir die Hand; dabei wurde nicht gesprochen. Es war wie ein höfisches Ritual; ich versuchte, mir alle Namen zu merken und stellte möglichst einfache Assoziationen her. Huberts Vater war einfach: groß, grobschlächtig, rotgesichtig, klassischer Fleischer, schmerzhafter Händedruck. Huberts Tante Maria, raue Hände, rosa Trachtenbluse. Konrad, Cousin, Pickelgesicht. Fritz junior, blond und zart, sein Bruder. Christine, Huberts Schwester, brünette Hünin, ihr Mann, dunkelhaariger Zwerg, vier goldhaarige Kinder. Onkel Fritz, zweiter typischer Fleischhauer, ein dicker Peter Alexander. Hinter dem Tisch sah ich die Villacher Altstadt in geschmackvoller Weihnachtsdekoration glänzen. Zuletzt stellte mir Hubert eine kleine, freundlich aussehende, ältere Frau mit blonden Löckchen als Tante Ingrid vor. Ingrid beendete das Zeremoniell und drückte mich mit mütterlicher, aber bestimmter Sanftheit auf einen Stuhl. Ich war ihr sehr dankbar. Als ich saß, ging die Unterhaltung wie auf Knopfdruck wieder los, als hätte ich nie den Raum betreten. Ich erholte mich ein bisschen von der Einführungsszene. Hubert saß zu meiner Rechten und zwängte sich in das herrschende Gespräch über das Geschäftsleben in Villach. Es wurde heftig über die Errichtung eines Einkaufzentrums am Stadtrand diskutiert. Die Runde war so groß, dass meine Präsenz unterging. Wie in einer italienischen Großfamilie wurde wild durcheinander geredet; zwei Kinder lärmten im Vorraum, die anderen beiden krabbelten unter dem Tisch herum und zwickten die Erwachsenen in die Füße. Ehrfürchtig blickte ich von einem zum anderen, bis mein Blick den von Tante Ingrid traf. Vor mir stand ein sauberes Sektglas, in das sie mir einschenkte, und danach schob sie alle am Tisch befindlichen Teller mit Weihnachtsgebäck in meine unmittelbare Nähe und forderte mich auf, zu kosten. Etwas ratlos saß ich vor der süßen Front und entschied mich für ein winziges Klosterkipferl. In meinem Mund zerfiel der Teig augenblicklich zu einer feinen, nussigen Zuckerwolke; es war das zarteste und beste Gebäck, das ich je gegessen hatte. „Wow", sagte ich dümmlich. Tante Ingrid aber lächelte dankbar und öffnete eine Schleuse, aus der sich ein nicht enden wollender Schwall von Information über Weihnachtsbäckerei ergoss. Ihr fehlte der kärntnerische Dialekt ebenso wie die etwas reservierte Art der restlichen Familienmitglieder. Ihr gegenüber fühlte ich mich sicher. Sogleich erfuhr ich, warum: unter verbrüderndem Augenzwinkern gestand sie mir, eigentlich auch aus Wien zu sein, aber sich letztendlich hier in Kärnten gut eingelebt zu haben. Ich beschloss, sie als potentielle Verbündete zu betrachten.

Mit einem kollektiven Seufzer, die Feiertage seien bald zu Ende und ab morgen ginge das anstrengende Silvestergeschäft wieder los, löste sich die Gesellschaft auf. Mir war nicht klar, ob ich bestanden hatte oder nicht. Hubert wusste es wohl auch nicht, zumindest sprach er auch später mit keinem Wort über meine eigenartige Einführung. Ich vermutete, zu still und ostösterreichisch rüber gekommen zu sein, und das, obwohl ich kaum mehr als fünf Worte gesprochen hatte. Ich hatte auch den Verdacht, die Kärntner hatten eine feine Nase für alles Nichtkärntnerische, und dem wurde wohl mit Skepsis begegnet. Hubert, ich und seine Eltern standen da und verabschiedeten den Rest der Familie, und als alle weg waren, schlug Hubert vor, mir das Haus zu zeigen. Wir begannen mit der Fleischerei im Erdgeschoß. Es war bereits Abend; Hubert knipste das Licht an und ging voraus durch dicke Plastikbahnen, die als uncharmanter Türvorhang fungierten. Hinter dem altmodischen, aber blitzblanken Verkaufsraum begann die Produktion. Es war weniger schlimm als erwartet: Riesige Fleischwölfe und Rührwerke aus Nirosta standen kreuz und quer in dem alten Gewölbe, der Boden auch hier dunkelrot – wie überall. Der Selchgeruch war so intensiv, dass er sich wie ein fettiger Finger in die Nase bohrte und sie für alles andere taub machte. An der Wand hingen Sägen und Haken, deren Einsatz ich mir nicht vorstellten wollte, denn ich wusste instinktiv, Hubert testete mich hier und jetzt auf schwiegertöchterliche Tauglichkeit, und Vegetarierin hin oder her, einen Rundgang in der Fleischerei musste ich ohne einen Mucks durchhalten, basta. Außerdem stand meine Biologenehre auf dem Spiel – unser Studien-ethos verlangte eine absolute Gelassenheit gegenüber Grauslichkeiten aller Art. Man musste gleichzeitig mit einem Skalpell in den Gedärmen eines Wirbellosen herummatschen und dabei scheinbar gleichgültig ein belegtes Weckerl essen können.

Ich demonstrierte in der Produktion der Fleischerei „Protta" feste Magennerven, indem ich belanglos hinter Hubert herschlenderte, mir die „Kaltselch" und „Warmselch", rauchig riechende Kammern mit unzähligen baumelnden Würsteln, zeigen ließ, die Hände in den Hosentaschen, und ziemlich beflissen dauernd „mhm mhm" sagend. Um meine höchst konzent-rierte Zurschaustellung hartgesottener Gelassenheit zu vollenden, beschloss ich, fachliches Interesse zu heucheln und zu fragen, ob Leberkäse und Extra-wurst wirklich so minderwertig waren wie ihr Ruf.

Als ich sein Gesicht sah, wusste ich, ich hatte einen schrecklichen Fehler gemacht. Sein Körper spannte sich, die Mimik erstarrte und man konnte förmlich alle Türen zufallen hören. In seine ernsthafte Miene blickend be-kam ich meinen allerersten Wurstvortrag zu hören. Ich beobachtete Hubert, während er die Erstklassigkeit der Qualität rühmte und von den vielen hoch-wertigen Zutaten und den strengen hygienischen Auflagen, von den bösen Medien, die Unwahrheiten verbreiteten und von der Schreckensherrschaft der Europäischen Union, der wir damals noch nicht angehörten, berichtete. Sein Gesicht wirkte fremd und angestrengt, und ich wagte nicht, ihn zu unterbrechen. Wie unnatürlich das wirkte; während ich mit einem Ohr zuhörte, notierte ich mir insgeheim, keine fachlichen Fragen mehr zu stellen. Nach wenigen Minuten war der Vortrag vorbei und wir konnten endlich die Produktion verlassen. Verunsichert sah ich mir noch den Rest des alten, riesigen Hauses an, in dem ich mich sicher verirrt hätte, wäre Hubert nicht bei mir gewesen. Mittlerweile hatte er sich zurückverwandelt in den alten

Hubert; ich war erleichtert. Zuletzt kam die Führung durch die Wohnung von Huberts Eltern: sie lag im zweiten Stock, war altmodisch, aber kostspielig eingerichtet; und doch sah man, dass alles, außer der Arbeit natürlich, etwas zu kurz kam. Der Haushalt wurde mit einer gewissen Gelassenheit geführt, was mir sympathisch war. Der Wohnung meiner Mutter sah man die Defizite ihrer Lebensführung an: Sie kompensierte das Versagen ihrer Ehe nicht mit Hobbys oder Interessen, sondern schrubbte sich den Frust von ihrer Seele. Bei ihr wurden seit der Scheidung täglich Staub gesaugt und wöchentlich die Fenster geputzt. Hier lag da und dort ein bisschen Lurch und die Lampenschirme waren verstaubt − so wie bei uns zu Hause, bevor Vati Hilde kennengelernt hatte.

Die Pratters waren streng katholisch; selbstverständlich bestand Frau Pratter auf getrennte Betten. Sie ließ es sich nicht nehmen, mich persönlich zum Zimmer zu bringen.

Das mir zugewiesene Gästezimmer fungierte offenbar als Bügelzimmer, wenn es keinen Besuch gab. Ein Stapel gebügelte Bettwäsche lag in einem Weidenkorb; weißes, gestärktes Leinen, und nicht die sich wie eine Krankheit ausbreitende bügelfreie Bettwäsche mit dem schrecklichen Namen Seersucker. Ich ließ meine Hände über den Stapel gleiten und sah mich um. Das Fenster zeigte in den Innenhof mit Arkaden und dem Betrieb im Erdgeschoß. Über der Türe hing ein Kruzifix. Es klopfte; Hubert stand davor. „Brauchst du noch etwas?", fragte er. Ich war von den Keksen satt und sehr müde, wäre aber gerne noch auf ein Bier mit ihm gegangen. Dennoch schüttelte ich den Kopf.

„Gut. Ich muss nämlich noch im Betrieb arbeiten, Votta helfen. Wir sehen uns morgen. Gute Nacht."

„Ja, gute Nacht", antwortete ich verwundert. Es war 9 Uhr abends. Er zwinkerte mir zu und schloss die Türe.

Nachdem ich meine Sachen ausgepackt hatte, legte ich mich mit einem Buch ins Bett. Die Wäsche roch selchig. Alles war so anders als zu Hause, so eigenartig und fremd, aufregend und Respekt einflößend. Huberts distanzierte Art führte ich auf seine familiären Pflichten zurück; dass er im Kreise seiner engsten Familie ein bisschen verlegen war, verstand ich nur zu gut. Einzig die Omnipräsenz von Fleisch und Wurst störte mich.

Am nächsten Tag wachte ich, als Hubert und seine Eltern um 4 Uhr 30 morgens aufstanden, ebenfalls auf und kam mir in meinem geselchten, aber warmen Bettchen nutzlos, wenn nicht sogar parasitär vor. Ich hörte einsilbiges Frühstücksgespräch, blieb aber trotzdem liegen und schlief wieder ein. Eine halbe Stunde später begann der Lärm, der aus der Produktion im Erdgeschoß kam. Es hörte sich an, als würde da unten gekämpft: Schlagende, sägende Geräusche unterbrachen das monotone Surren der Maschinen, und ab und zu ließ mich ein roher Schrei zusammenzucken. Am Anfang erschrak ich noch bei jedem Schrei, aber bei Tagesanbruch hatte ich mich schon daran gewöhnt, auch wenn von Schlaf keine Rede sein konnte. Schließlich wurde es mir zu bunt und ich nahm meinen Mut zusammen: Ich würde Tüchtigkeit demonstrieren und um Arbeit bitten. Trotzig überzeugte ich mich selbst von meinen Vorzügen: Ich war intelligent, halbwegs appetitlich anzusehen, nicht völlig ungeschickt, und Wurst schneiden und verpacken würde meinen vegetarischen Ehrencodex nicht verletzen.

Am Küchentisch stand eine Thermoskanne Kaffee und ein sogenannter Reindling, eine Art Gugelhupf aus Hefeteig. Ich frühstückte, und ging ins Erdgeschoß. Es war schrecklich laut, die Türe zur Produktion war offen und ich konnte viele Gesellen in Gummischürzen und Papierhüten werken sehen. Halbe Schweine wurden geschultert und herumgetragen, Messer kunstvoll geführt und soeben kippte jemand einen großen Bottich mit Eis in die Rührmaschine. Plötzlich stand ein Arbeiter vor mir, der mir bis zur Nase ging. Er sah mich mit einem Auge an; das vermeintlich andere war eine nackte Höhle mit vernarbtem Gewebe, das wie eine eingetrocknete Lacke aussah. Sein langes Haar war nachlässig unter die Papierhaube gesteckt. „Wos gibt's?", fragte er herausfordernd. Heute würde ich sagen, er sah aus wie Gimli der Zwerg aus dem „Herr der Ringe", aber den Film gab es damals noch nicht, und das Buch hatte ich nicht gelesen. Ich brachte kein Wort über die Lippen. Alles, was mir einfiel, war, dass er aussah wie ein Wikinger, und das konnte ich schlecht sagen.

„Ah, loooß nur, des is die Klaane vom Hubert", hörte ich Huberts Vater von irgendwo her brüllen. Der Wikinger nickte, ließ von mir ab und ging zurück in die Fleischerei.

Eingeschüchtert aber gleichzeitig erfreut, als tatsächliche Freundin von Hubert bezeichnet worden zu sein, schlich ich über die Hintertüre in den Verkaufsraum der Fleischerei, und fiel erst einmal niemandem auf. Hinter der Budel war die Hölle los, *davor* aber war es wirklich schlimm. Vier Frauen und ein Mann, Hubert, versuchten, eine lärmende, nach Fleisch und Wurst verlangende Meute zu besänftigen. Der Raum war überfüllt, und auf der Straße hatte sich bereits eine Warteschlange gebildet, deren Ende zumindest von hier nicht absehbar war. Zum letzten Mal hatte ich so etwas in einem Dokumentationsfilm über die Zwischenkriegszeit gesehen. Hubert stand plötzlich vor mir, in der blutverschmierten Schürze; in der rechten Hand hielt er ein Stück rohes, dunkelrotes Fleisch, das so groß wie mein Oberschenkel war. „Was machst Du hier?", zischte er mich an. Ich riss mich von dem Anblick los. „Ich wollte meine Arbeitskraft anbieten", sagte ich kleinlaut.

„Das hier ist nix für Dich. Geh rauf zu Tante Ingrid; der kannst Du sicher helfen", sagte er ungeduldig und schob mich durch die Hintertüre aus dem Verkaufsraum. Sein Tonfall hatte etwas Harsches, aber auch eine beschützende Note. Hier und heute war er nicht Hubert, mein Freund, sondern der junge Protta, der Fleischhackersohn aus dem Wiener Exil, der für seine Freundin eine Nische im väterlichen Betrieb suchte. Ich lief gehorsam in den ersten Stock.

Dort führte eine Türe zu einer Wohnung, die in den Sechzigerjahren eingerichtet worden sein musste. In der Küche kochte eine dicke Frau mit Kopftuch und schwarzem Damenbart. Sie sah mich entgeistert an.

„Ich suche Tante Ingrid", sagte ich. Aber die kam schon aus einem Zimmer, und winkte mich herein. „Hannah. Schön, dass du uns hilfst. Komm doch rein."

Ich ging zu ihr. Die Tür führte in ein ehemaliges Wohnzimmer, das zu einer Brötchenmanufaktur umfunktioniert worden war.

„Wir müssen so viele Brötchen machen, dass wir jede Hilfe brauchen können", sagte sie sanft.

Fritz junior stand an einem langen Tisch an der Wand und schnitzte an einem Essiggurkerl herum, als ich eintrat. Hier war eindeutig eine Schutzzone vor dem Groben und Blutigen des Betriebs: Es war die helle, kreative, appetitliche Seite der Arbeit, eine Art Reservat für die zart Besaiteten der Familie, die Feinsinnigen, die Kreativlinge. Ich fühlte mich sofort willkommen. Tante Ingrid war freundlich und geduldig, und binnen kürzester Zeit avancierte ich unter ihrer einfühlsamen Einschulung zur Star-Verziererin. Ihr Sohn lobte mein Geschick neidlos und überließ mir das Feld, um sich dem etwas anspruchsloseren beschmieren von Broten mit Verhackertem zu widmen. Die Arbeit machte mir großen Spaß, und während wir Platte um Platte voller Brötchen und Aufschnitt aus dem Nichts zauberten (die uns dann von einem ungeduldigen Gesellen aus der Hand gerissen wurden, die Kunden würden schon warten), plauderten wir und lauschten den weihnachtlichländlichen Chören von Radio Kärnten. Tante Ingrid summte fröhlich mit, formte hübsche Röschen aus blutigem Roastbeef, drehte adrette Salami-tütchen und legte den Beinschinken in kunstvolle Falten. Ihr bei der Arbeit zuzusehen war ein Vergnügen. Die Präzision, mit der sie die geschnittenen Wurstwaren symmetrisch anordnete und die Muster an die jeweilige Form der Platte anpasste, faszinierte mich. So, wie sie dieses Fleisch anrichtete, sah es appetitlich und gesund aus. Ich beobachtete sie, während ich meine Brötchen verzierte: Nie verlor sie diesen konzentrierten, fröhlichen Gesichts-ausdruck, der verriet, dass sie diese Tätigkeit gerne und respektvoll machte. Bevor sie das Weißbrot für die belegten Brötchen zerschnitt, machte sie immer eine Art Bekreuzigung mit dem Messer auf der Bauchseite des Brotes. Hing ein Schinken ein paar Millimeter über den Rand des Weißbrotes – sie korrigierte es sofort. Egal wie schnell es gehen musste – für die Korrektheit der Abläufe hatte Zeit zu sein. Ich traute mich nicht, zu fragen, was es mit der Bekreuzigung auf sich hatte, aber das Ritual imponierte mir und machte die Tante noch sympathischer, als sie es schon war.

Am Abend konnte ich mit müdem Rücken und vom Verzieren zer-schnitzten Fingerkuppen zufrieden auf mein Tagwerk, eine erkleckliche An-zahl belegter, wunderschöner Brote, zurückblicken. Leider waren sie schon alle abgeholt worden, aber die Spuren unseres Werkens – ein Schlachtfeld aus zig gekappten Gurkenzipfeln, Brotscherzerln, Petersilienstengel und Eier-schalen – sprachen für sich.

Nach dem Nachtmahl fragte mich Hubert, ob ich Lust auf ein Bier hätte. Ich bejahte. Wir gingen in ein Lokal ums Eck und Hubert erzählte ein bisschen aus dem Arbeitsalltag. Der Arbeitsaufwand der Pratters war direkt propor-tional zur Menge Fleisch, die zu christlichen Feiertagen wie Weihnachten, Ostern oder Pfingsten verzehrt wurde. In familiärer Gemeinsamkeit began-gene Fest- oder Fresstage kündigten sich schon eine Woche vor der ei-gentlichen Feier mit einer Vervielfachung des verkauften Fleisches in der Fleischerei an. Zu Weihnachten war es besonders schlimm, weil Weihnachten ja quasi direkt in Silvester überging und die Festtagsbraten von den Sau-schädeln abgelöst wurden. Außerdem verlangten die Kunden in der Zeit der Weihnachtsfeiern und Sektempfänge eine Flut von Brötchen, die natürlich frisch gemacht werden mussten. Ich nickte und verstand. Auch wenn ich mir den Aufenthalt bei Hubert in Kärnten anders vorgestellt hatte – ich wurde gebraucht, und ich mochte die familiäre Struktur. Jeder half mit; die jugendlichen Cousins standen um sechs Uhr auf, um Brötchen zu machen, Hubert kam aus Wien und seine Schwester aus Klagenfurt, um im Verkauf mitzuhelfen und sogar die Kleinsten halfen bei der Herstellung einer Art Pasta namens Kaasnudeln, auch wenn jede zweite Kaasnudel wegen Unförmigkeit nicht zum Verkauf geeignet war. Der Zusammenhalt bewegte mich, aber ich zeigte es nicht. Mein Rücken schmerzte, und Hubert gähnte; um halb zehn Uhr abends war ich so müde, dass ich über dem Bier hätte einschlafen können. Als ich ihm das lachend gestand, lächelte Hubert mir verschwörerisch zu. Als wir wieder vor der Fleischerei standen, griff er plötzlich mein Gesicht mit beiden Händen und küsste mich. Der Kuss war warm, feucht, schmeckte nach Bier und war genauso schnell vorbei wie er begonnen hatte. Sein Gute Nacht war kurz und peinlich berührt. Im Bett dachte ich noch ein bisschen über den Kuss nach und kam auf keinen grünen Zweig.

Die nächsten Tage half ich bei der Herstellung von Brötchen, Aufschnittplatten und Kaasnudeln. Den Rest der Familie bekam ich bei den gemeinsamen Mittagessen zu sehen, wo wir alle zusammen mit den Gesellen aus dem Betrieb und sogar der schnurrbärtigen Slowenin aßen. Ich hatte das Gefühl in der Zeit zurückversetzt zu sein. Wie in einer riesigen Bauernfamilie wurde tüchtig zugelangt und laut durcheinandergeredet. Zu jeder Mahlzeit gab es das alte, etwas harte Brot, welches nicht mehr verkauft werden aber unmöglich weggeworfen werden konnte. Diese Bodenständigkeit rührte mich. Am meisten jedoch beeindruckte mich, dass vor dem Essen gebetet wurde. Wir hielten uns an den Händen und Huberts Mutter sprach mit festen Worten ein kurzes Gebet, jeden Tag ein anderes. Es gab immer Fleisch, und ich lehnte dankend ab und redete mich darauf aus, dass ich beim Brötchenmachen zuviel Reste genascht hatte. Als trotzdem einmal ein Stück Geselchtes auf meinem Tisch landete, aß ich ein paar Bissen. Es schmeckte sehr salzig und sündig – und es schmeckte gut. Am Nachmittag wurde mir ein bisschen übel und ich überlegte, mich zu übergeben, aber ich riss mich zusammen.

Hubert hatte zu meiner Enttäuschung seit dem Kuss keinerlei weitere Annäherungsversuche unternommen. Ich suchte nach Gründen dafür, wurde nicht fündig und sprach ihn auch bei unserem gemeinsamen abendlichen Biertrinken nicht darauf an. Wir unterhielten uns über unseren Arbeitstag, über die Uni und unsere Geschwister.

Irgendwann kam das Wochenende, das eigentlich nur aus Sonntag bestand. Schon bald begriff ich, dass Arbeit jeder Art im Zentrum ihres Lebens stand. Sich zu entspannen, ein Buch zu lesen oder einfach faul herumzuliegen, war undenkbar, ja fast schon sündhaft. Es wurde ständig gearbeitet. Hubert nannte seinen Vater Papa, aber in seiner Abwesenheit wurde er von Sohn und Ehefrau als Votta bezeichnet, was ich passender fand. Votta verschwand nach einem schweigsamen, kargen Frühstück, das wieder aus Reindling und starkem Kaffee bestand, unter unverständlichem Murmeln auf die sogenannte Landwirtschaft, die man sich hier im Süden Österreichs offenbar als Hobby nebenbei hielt. Zumindest erklärte mir das Hubert so. Ich verstand nicht, wie man sich neben einem so anstrengenden, zeitraubenden Beruf noch eine zweite Vollzeitbeschäftigung aufhalsen konnte, aber ich verstand vieles nicht, genau genommen gar nichts und ich gewöhnte mich daran. Seine Mutter kochte und putzte zur Live-Radioübertragung irgendeines Gottesdienstes und meine kläglichen Versuche, den Tisch abzuräumen oder meine Hilfe anzubieten, wurden von Mutter abgewinkt, sie käme zurecht, wir sollen etwas unternehmen.

Hubert und ich fuhren mit dem Auto an den Rand eines Waldes und spazierten bis zu einem Fluss. Die Luft war kalt und schneidend und es lag weniger Schnee als mir Hubert versprochen hatte. „Hier war ich als Kind oft", erzählte er und zeigte auf eine Eisenbahnbrücke, von der er einmal aus lauter Angst vor einem nahenden Zug in den Fluss gesprungen war. „Komm, ich zeig dir noch etwas."

Wir liefen quer durch den Wald bis zu einer Lichtung, an deren Rand ein Hochstand war, der ziemlich wacklig aussah. Etwas verängstigt kletterte ich hinter ihm die Leiter bergauf und ließ mir von ihm das letzte Stückchen hinauf helfen. Oben angelangt befanden wir uns in einer kleinen, mit Glasfenster versehenen Kabine mit einer sehr schmalen Sitzgelegenheit, auf der eine Decke lag. Ich sah aus dem Fenster. Das Glas war schmutzig.

„Schöne Aussicht", sagte ich, als sich Hubert hinter mich stellte und mich ohne Vorwarnung umarmte und meinen Hals wild küsste. Ich spürte seine hastigen Bewegungen und versuchte, mich auf meine Erregung zu konzentrieren. Ich wollte mich umdrehen und ihn küssen, aber er ließ es nicht zu. Während seine Hände hastig unter meine Jacke, meinen Pullover und das T-Shirt fuhren, griff ich nach hinten und strich ihm über den Kopf, um ihn etwas zu bremsen. Seine Haare waren kurz und kräftig und übten einen konsequenten Widerstand gegen mein Streicheln aus. Hubert war in Trance, zerrte an meinem Reißverschluss, zog meine Hose über die Hüften und fuhr mit kalten Händen an meinem Körper auf und ab, als wäre ich ein Material, das bearbeitet werden musste. Mit nackten Hüften und Oberschenkel sah ich durch das Fenster, und als Hubert viel zu früh in mich eindrang, sprang ein Reh über die Lichtung. Es dauerte nicht sehr lange; mein Versuch, mich darauf zu konzentrieren, dass ich hier freiwillig mit ihm schlief und mich sehr darauf gefreut hatte, gelang nicht in der kurzen Zeit. Der Hochstand ächzte und schwankte leicht unter Huberts Hüftstößen. Es fiel mir schwer, mich auf meinen Körper zu konzentrieren, und als er fertig war, durfte ich mich endlich umdrehen und ihn küssen. Der Kuss war wie eine Belohnung. Am Rückweg zum Wagen legte Hubert einen Arm um meine Schulter.

Am Montag brauchte mich Tante Ingrid schon früher, genaugenommen ab fünf Uhr morgens, denn es war der 31. Dezember, und Silvester sei das Fest der Brötchen und der Sauschädel, und für „uns" wäre das der schlimmste Tag im Jahr. Bei Wort Sauschädel zuckte ich zwar zusammen, aber immerhin hatte ich mich zu einem „uns" hochgearbeitet und unter Tante Ingrids Schutz würde man mich schon nicht zu den Männern in die Produktion jagen.

Tante Ingrid begrüßte mich munter und fröhlich wie immer, die Brötchenmanufaktur sah aus wie gestern, mit dem Unterschied, dass im Eck ein Tablett mit drei riesigen Schweinsköpfen stand. „Auf, auf", ermunterte sie mich und führte mich zu den Schädeln. „Ganz einfach. Du musst sie verzieren. Wie du siehst, schauen die nicht wirklich schön aus." Ich musste ihr beipflichten, wobei ihre Wortwahl nicht ganz passend war: genaugenommen sahen sie schaurig aus. Es waren brutal abgesäbelte Köpfe, ungefähr so groß wie die eines Menschen. Natürlich hatten sie keine Augen, damit hatte ich gerechnet. Aber ihre Augenhöhlen waren nicht so schön verwachsen wie die des Wikingers einen Stock tiefer, sondern gekochte Wunden mit heraushängenden Resten, die wohl der Sehnerv waren. Ich riss mich zusammen und konzentrierte mich darauf, dass ich Biologin war. Tante Ingrid hob den kleinsten, am unglücklichsten dreinschauenden (sofern man das so sagen kann) Schädel auf eine silberne Platte. Seine Schnauze war schief, und die Ohren mit dem geronnenen Blut darin total verdreht. Das Gesicht des Schweins hatte etwas von einem Trinker.

„Zuerst stellst du ihn so hin, dass er gerade steht und nicht umfallen kann", begann Tante Ingrid. Sie stopfte einen kleinen Ball aus zusammengeknüllter Alufolie unter den abgetrennten Hals. Es ist alles nur Anatomie und Physiologie, sagte ich mir vor, das Schwein ist schon lange tot und hat das Schlimmste bereits hinter sich. „Jetzt rasieren", machte sie weiter und schabte mit einem riesigen Messer an den Borsten auf den Wangen des Kopfes herum. Wenn sie nur nicht so menschlich ausgesehen hätten; das Rasieren machte diese Assoziation vollkommen. Wir hätten genauso gut eine Leiche fürs Begräbnis schön machen können. Die rosige Gesichtsfarbe, das schmallippige Maul mit seinen gelben, schiefen Zähnen – ich kannte nicht wenige Menschen, deren Köpfe hier unter den Schweinsschädeln nicht besonders aufgefallen wären.

„So – und jetzt alles Hässliche verzieren, aber mit Witz", sagte sie. „Und auch die Platte ein bisschen belegen, damit sie nicht so leer ist."

„Witz", wiederholte ich ratlos. Sie nickte, ging weg und kam mit einem Säckchen voller kleiner Raketen, Faschingsschlangen, bunter Party-Papier-hütchen und Glücksbringer, das sie vor mir aufhielt. Sie griff hinein, winkte schelmisch mit einer Rakete und sagte: „Die kannst du zum Beispiel ins Ohr stecken."

Ich nickte, holte mir einen Stuhl und starrte den Schädel an. O.K., dachte ich mir grimmig, ein Säufer.

Als erstes steckte ich je ein halbes Ei in die Augenhöhlen; sofort hatte das Bild etwas Komisches. Mit Kapern und Mayonnaise simulierte ich völlig verdrehte Pupillen. Die hässlich aussehenden Ohren füllte ich mit Krauspetersilie und aus dem Maul ließ ich eine lange Zunge aus einem Stück rotem Paprika heraushängen. Als Halskrause dienten harte Eier und Essiggurken. Zum Schluss steckte ich mittels Zahnstochern einen Partyhut auf den Schädel. Ich holte Tante Ingrid. Sie schrie fast vor Begeisterung. „Seht Euch das an! Das sind die am schönsten verzierten Sauschädel, die ich je gesehen habe! Du bist ein Naturtalent!" Nein, dachte ich, ich bin Vegetarierin und stelle mir vor, es seien Menschenköpfe. Auch ihr Sohn stand anerkennend nickend vor der Platte. „Alle Achtung. Aber ich hab noch was für ihn." Er verließ kurz den Raum und kam mit breitem Grinsen und einem Fläschchen Jägermeister zurück, das er neben die heraushängende Zunge steckte. Wir lachten alle drei, dann aber wurde das Tablett von einem Gesellen geholt. „Hopp Hopp!", rief der, „wir haben noch zwei Bestellungen gekriegt!"

Ich machte eine Miss Piggy, zwei Punks und einen Professor – mit aufgemalter Brille aus Senf. Es ging sich gerade bis zu Mittag aus. Ich war völlig erschöpft. Dann wurde die Betriebsküche zusammengeräumt und für einen Kaffee gedeckt, damit sich die Familie nach getaner Arbeit noch zusammensetzen konnte. Es war Silvester; ein paar Flaschen Sekt standen ebenfalls auf dem Tisch. Auf der einen Seite wurde laut gescherzt und über den Betrieb geredet, Tante Ingrid und ich führten auf der anderen Seite, unserem ostösterreichischen Paralleluniversum, eine leise Konversation.

Plötzlich fühlte ich eine Hand auf meiner Schulter und drehte mich um. Das Gesicht von Huberts Mutter erschien neben meinem, groß und flach und sehr herzlich. Sie drückte mich an sich. Ich war peinlich berührt, aber gleichzeitig geehrt.

„I hob die scheenen Schweinsköpf' g'sehn – hast scheen g'mocht."

Ich nickte stolz und fühlte Röte in meinem Gesicht aufsteigen. „Wia a richtig's Protta Maadl."

Das Gefühl der Wärme breitete sich über meinen ganzen Körper aus. Fühlte sich so Familie an? Frau Pratter erhob sich wieder und wandte sich an Ingrid.

„Na Ingrid, hast wieder a Opfer g'funden, ha?" Alle lachten. Ich verstand nicht, lachte aber sicherheitshalber mit, bis ich einen Rempler von Ingrids Sohn bekam. Er zischte mir zu: „Sie mog die Schweinsköpf' net, deswegen suachts immer an Trottel, der ihr des mocht." Langsam drehte ich mich zu Tante Ingrid, die rot wurde, aufstand und den Tisch abzuräumen begann. „Gar nicht wahr", entgegnete sie kleinlaut, aber ihr ganzer Körper verriet: erwischt. Ich war enttäuscht. *Meine* Tante Ingrid hatte mich nur ausgenutzt, ausgerechnet sie, meine Verbündete in so vielen Dingen?

„Moch da nix draus. Danke, dass Du uns g'holfen hast. Überhaupt – weil ma wissen dass'd ka Fleisch isst", hörte ich Huberts Vater hinter meinem Rücken brummeln. Am Tisch brach Gelächter aus. Konrad klopfte mit der Hand auf den Tisch. Maria bekam ein rotes Gesicht. Mein Herz jagte in meiner Brust. Ich schämte mich und schluckte meine Tränen hinunter.

„So, jetzt müssen wir aber", brummelte Huberts Vater und wie auf Befehl erhob sich der ganze Klan. Ich blieb sitzen und verabschiedete mich wie eine Maschine, während alle das Zimmer verließen, ausgelassen und launig einander einen guten Rutsch wünschend.

Hubert blieb neben mir sitzen. Als wir allein waren, griff er nach hinten und stellte mir eine Flasche Sekt mit einem daran baumelnden Kuvert vor die Nase. Durch das dünne Papier sah ich einen Geldschein durchschimmern.

Ich warf ich einen Blick ins Kuvert: ein Tausender, damals noch in Schillingen, steckte darin.

„Das glaube ich jetzt nicht", sagte ich empört.

„Na freu dich doch", entgegnete Hubert fröhlich.

„Wie konntest du nur", sagte ich wütend.

Hubert grinste. „Jetzt sei doch nicht so empfindlich." Er versuchte, mich zu umarmen.

„Lass mich", zischte ich und fühlte die Tränen aufsteigen. Schnell versuchte ich, abzulenken. „Außerdem – ich wollte Euch helfen, und nicht dafür bezahlt werden", sagte ich hastig.

„Du hast gearbeitet und Geld dafür bekommen", wiederholte er kopfschüttelnd. „Was ist so schlimm daran?"

„Ich kann das nicht annehmen."

„Aber Du kannst es noch weniger zurückgeben", belehrte er mich. Er stand auf und begann nervös, im Raum herumzugehen. Ich sagte nichts mehr und sah aus dem Fenster.

Mit einer jähen Bewegung schlug er die flache Hand auf den Tisch. „Hannah, sag mir jetzt, was los ist", fragte er ungeduldig. Ich schüttelte den Kopf.

„Verdammt, Hannah, das ist doch nur ein Vertrag. Arbeit gegen Geld."

Ich nickte und fühlte, dass die Tränen Oberhand gewonnen hatten.

Draußen schneite es dichte, weiße Flocken.

Heimatlied

Feucht und modrig riecht es im Schuppen, nach Algen, nach dem fauligen Holzboot mit den ausgefransten Rudern und nach schlecht getrockneter Wäsche. Der Fluch seiner Kindheit: Immer hing ein unangenehmer Geruch in seiner Kleidung, Selchrauch während der Schulzeit, Kellermief im Schigewand, Bootshüttengeruch im Sommer. Ihm selbst ist der Bootshüttengeruch nie als unangenehm aufgefallen, aber ein Freund hat sich einmal beklagt.

Das hat wohl mit dem Wasser zu tun. Als Kind hat man ihn schon nicht vom See wegbekommen. Stundenlang ist er im Wasser geblieben, meist bewaffnet mit Kescher und Flossen, bis die Haut runzlig, die Lippen blau waren und der Kiefer unkontrollierbar zitterte. Unvergessen das erste Taucherglas, das er zu Ostern bekommen und gleich ausprobiert hatte, voll bekleidet, im Stehen, mit Gummistiefeln, tief gebeugt mit angehaltener Luft, um in der trüben Suppe des aufgewirbelten Schlammes etwas zu erkennen. Kaum war er alt genug, machte er sich den See untertan, mit Pressluft, Bleigurt und Flossen, der einzige Tauchscheinanwärter unter 18 Jahren dank Einverständniserklärung der Erziehungsberechtigten. Sein Vater hatte kopfschüttelnd unterschrieben, gegen den Willen seiner Ehefrau und obwohl es ihn befremdete, dass sein Sohn so dem Wasser zugetan war. Wo er das wohl herhatte… von seinen Eltern konnte er es jedenfalls nicht haben.

Wasser hat Hubert schon immer magisch angezogen und wie ein Zaubermittel gewirkt: anregend, wenn er blockiert oder müde war, tröstend, wenn er traurig war und beruhigend, wenn er aufgebracht war. Heute braucht er keine Beruhigung, im Gegenteil, alles in Ordnung, es ist Sonntag, das Ostergeschäft ist besser gelaufen denn je, und draußen im Gartenhaus bereiten seine Mutter und seine Schwester den Korb für die Fleischweihe vor: Beinschinken, Rollschinken, geräucherte Zunge, gespeilte Osterkrainer, bunte Eier, Kärntner Reindling, Kren, alles wird in ein grobes, weißes Leinentuch verpackt, auf das seine Großmutter vor einer Ewigkeit mit rotem Garn mittels Kreuzstich einen Spruch eingestickt hat, an den er sich jetzt nicht mehr erinnern kann. Angelika ist auch dabei. Sie wächst gut in die Familie hinein, ist schon jetzt, nach nur zwei Monaten, mehr Teil davon als jede von Huberts Freundinnen zuvor. Kein Wunder, fließt in ihr doch heimisches Blut, Kärntnerblut, sagt Onkel Fritz, man kann sich leicht darüber lustig machen, aber da ist was dran. Er und Angelika sind in derselben Stadt aufgewachsen, in dieselbe Schule und Kirche gegangen, und sie arbeitet seit Jahresbeginn in der Buchhaltung der Fleischerei seiner Eltern. Tüchtig sei sie, sagt Mama, und Papa sagt nichts, was nicht ungewöhnlich ist. Er spricht wenig, am meisten noch in der Produktion, wenn er mit den dummen Lehrbuben schimpfen muss. Dass Angelika geschieden ist, wird ihr milde nachgesehen. Ihr Ex-Ehemann hat irgendetwas verbrochen, hatte wohl eine Freundin, aber sie spricht nicht darüber, woraus Hubert schließt, dass es so schlimm nicht gewesen sein kann. Hauptsache, es geht ihr gut.

Er steigt langsam in seinen Trockentauchanzug, der sich wie eine zu groß gewordene Haut anfühlt, nur die Haube und die Manschetten, die sind eng. Der See ist noch zu kalt für einen normalen 7 mm Neopren Nassanzug. In heimischen Seen taucht er nur mehr trocken, es erfordert ein bisschen Technik, ist aber wärmer und eleganter. Bevor er die Handschuhe überzieht, überprüft er noch einmal seinen Lungenautomaten, legt den Bleigurt um, schultert die Pressluftflasche; schließlich steigt er über das Kiesufer ins Wasser und trifft die letzten Vorkehrungen, bevor er die Brille aufsetzt, den Lungenautomaten in den Mund nimmt und ins Tiefe schreitet. Der See ist unruhig, aber so ist das im Frühjahr, es gibt nicht viel zu sehen um diese Jahreszeit, das weiß er schon. Als das Wasser über seinem Kopf zusammenschlägt, denkt er noch kurz darüber nach, wo der Christbaum vor Weihnachten versenkt wurde und orientiert sich. Es müsste am Ende des Steges ein paar Grundstücke weiter sein, ca. dreihundert Meter entfernt, dort haben sie am 20. Dezember den Baum ins Wasser gelassen, ein heidnischer Brauch zu Ehren der im See Verunglückten. Dort unten liegt auch das kleine Matchboxauto, das sein Patenkind Lukas unvorsichtigerweise in kindlichem Übermut hinterher geworfen hat.

Hubert weiß, er sollte nicht alleine tauchen, aber die Versuchung ist groß. Es ist dort beim Steg nicht tief, und es handelte sich um Lukas' Lieblingsauto, einen kleinen hellgelben Rennwagen mit Heckspoiler und zwei überdimensionierten Auspuffrohren. Schon in wenigen Stunden und mit ein bisschen Glück würde der Kleine sein Auto im Osternest wieder finden; ein unbezahlbares Geschenk. Es konnte nicht weit vom Baum entfernt liegen, und das

172

leuchtende Gelb würde leicht zu finden sein. Nicht zuletzt braucht Hubert nach dem hektischen Ostergeschäft die Stille unter Wasser, er ist schon viel zu lange nicht mehr tauchen gewesen, und er spürt, wie ihn der See nährt, mit dieser gespenstischen Energiequelle, die ihm immer zur Verfügung steht.

Hubert reguliert sein Gleichgewicht unter Wasser fast ausschließlich mithilfe seines Atems. Waagrecht schwebt er in Richtung Steg, mit langsam ziehenden Flossenschlägen. Über und unter ihm ist die Welt still und blaugrün, je weiter er sich vom Ufer entfernt, desto dunkler und graustichiger wird das Blau unter ihm. Das Ufer fällt hier steil ab auf ca. dreißig Meter, er kennt es wie seine Westentasche, weiß sogar, wo welche Fische zu finden sind, wo die Wasserpflanzen beginnen, und wie sie heißen: *Myriophyllum spicatum, Potamogeton natans, Chara fragilis.* Hannah hätte ihre Freude am See gehabt, wenn sie nicht so abrupt verschwunden wäre, sondern es bis in die Sommermonate mit ihm ausgehalten hätte – dann nämlich hätte er ihr den See zeigen können, und auch die Wasserpflanzen, die jetzt nur braune, verschleimte Stummel sind, wären dann schon eine stattliche, hellgrün wogende Wiese. Schade um Hannah.

Hubert geht langsam tiefer und nähert sich jener Zone, wo im Sommer die schwebende Sprungschicht beginnt. Jetzt, im Frühjahr, ist davon nichts zu merken, denn da durchmischt sich das Wasser im obersten Abschnitt des Sees und alles ist gleich trüb und kalt. Im Sommer hingegen tritt eine Schichtung auf, die obersten vierzehn Meter werden hell, warm und klar, ab vierzehn Meter Tiefe ist es scheinbar plötzlich trüb. Steigt man dann weiter ab, wird die Sicht wieder gut und die Temperaturen winterlich. Hannah kehrt in seine Gedanken zurück. Er hat sich gewundert, dass sie so kühl gewesen war, als er ihr das Geld überreicht hatte. Etwas musste geschehen sein. Unmöglich, dass sie so beleidigt war, weil er seinen Eltern gesagt hatte, dass sie kein Fleisch aß. Er wollte sie nur beschützen – so konnten sie Rücksicht üben, ihr zum Frühstück Reindling statt Speckbrot richten, beim Mittagessen darauf achten, dass sie kein Fleisch bekam, was ihnen nicht immer gelang. Aber sie glaubte ihm nicht und reiste am nächsten Tag ab, nicht, ohne sich vorher höflich von seiner Familie zu verabschieden. Als er nach den Ferien auf die Uni zurückkehrte, traf er sie dort einfach nicht an. Sie erschien nicht mehr zu den Übungen, was ihm ungelegen kam, musste er doch so seine eigenen krakeligen Zeichnungen machen. Zur Prüfung war sie dann wieder da, blass und übernachtig, grüßte ihn peinlich berührt, gab nach zwei Stunden Prüfung ihren Bogen ab und verschwand wieder von der Bildfläche. Er hatte zwei, drei Mal versucht, sie telefonisch zu erreichen, aber sie ging nie ran und da ließ er es gut sein.

Ganz leise hört er eine Bojen- oder Ankerkette schlagen, sonst ist es still. Für Hubert ist diese Stille Heimat, und nicht das laute Kärnten mit seinem Carbit-Schießen, seinen opulenten Blasmusikkonzerten und seinem Kärntner Heimatlied. In der Volksschule hatten sie es auswendig lernen müssen, und die vierte Strophe ist ihm jetzt im Ohr: *Wo Mannesmut und Frauentreu' die Heimat sich erstritt aufs neu', wo man mit Blut die Grenze schrieb, und frei in Not und Tod verblieb.* Hannah hat erzählt, dass Wien gar keine Landeshymne hat. Bei welcher Gelegenheit haben sie darüber gesprochen? Es würde ihm schon noch einfallen.

Vor ihm materialisiert sich der Steg aus der graublauen Fläche. Langsam lässt er sich fast bis auf den Grund sinken und beginnt nach dem Christbaum Ausschau zu halten. Hier fällt das Ufer steil ab; möglich, dass er hinabgerutscht ist. Aber er kann nicht weit gekommen sein, es gibt eine flache Geländekante, bevor das Ufer auf fünfzig Meter weiter abfällt. Hubert schätzt, dass der Baum auf acht oder neun Meter Tiefe liegt. Am Untergrund neben dem Steg zeigen die ersten Armleuchteralgen grüne Triebe. Natürlich war ihm Hannahs Vegetarismus peinlich gewesen. Menschen, die Fleisch ablehnten, waren selten und für den Berufsstand der Fleischer indiskutabel. Die einzige Begegnung seiner Familie mit so einem Menschen, vor Hannah, war die mit einer Verkäuferin gewesen, die das Arbeitsamt geschickt hatte. Hubert war zufällig beim Einstellungsgespräch dabei gewesen. Sie hatte lange, seidige, blonde Haare, die sie offen trug, und sehr lange, weiß untermalte Fingernägel. Während sie an diesen herumfingerte, hatte sie blasiert gesagt: „Aber eines sag ich Ihnen. Ich hab eine Fleischallergie und kann weder Wurst noch Fleisch angreifen." Sein Vater hat sie in hohem Bogen rausgeworfen. Seit Generationen lebte seine Familie davon, dass Menschen Fleisch aßen und Tiere dafür sterben mussten. Sich dieser Normalität zu widersetzen kam ihm ungefähr so vor als würde man sich weigern, Luft zu atmen.

Vielleicht war es das Andere, das ihn an Hannah gereizt hat. Einmal keine Kärntnerin, die schon alles wusste, was es über dieses Bundesland zu wissen gab, sondern eine aus Wien. Einmal eine aus einer anderen Welt, einem anderen Medium. Seine Eltern waren entsetzt gewesen. Möglicherweise war auch das ein Grund, Hannah zu begehren: die Neugier auf die Reaktion seiner Eltern, das Bedürfnis, sie zu überraschen, zu schockieren, das er wenigstens alle zehn Jahre befriedigte. Der letzte Schock war die Anmeldung zur Tauchprüfung gewesen: besonders rebellisch war Hubert ja nicht veranlagt.

Mit Hannah hat es ja gut begonnen. Er hatte sich neben sie gesetzt, weil er sie für jemand anders hielt. Sie sah der kleinen Südtirolerin aus den pflanzenphysiologischen Übungen ähnlich, mit der er schon in einem anderen Labor Blütenköpfchen verfärbt und aus Hefe Alkohol gewonnen hatte. Möglicherweise hatte sie ihren faden Mikrobiologen-Freund nicht mehr, dachte Hubert, als er auf die zarte, über den Tisch gebückte Frauengestalt zuging, und er würde endlich eine Chance kriegen. Aus der Nähe stellte sich seine Vermutung als falsch heraus; aber obwohl er sie nicht kannte, nahm er neben ihr Platz. Sie sah ihn damals nur kurz an und widmete sich gleich wieder dem Auspacken ihres Sezierbestecks.

Ihm war das halbe Semester nicht aufgefallen, dass sie Vegetarierin war. Erst beim Bier nach der Ratte erfuhr er es, weil sie sich keinen Käsekrainer Hotdog mit ihm teilen wollte, obwohl sie behauptet hatte, hungrig zu sein. Das war der Anreiz gewesen, sie nach Kärnten einzuladen. Eigentlich hatte er es im Scherz gesagt. Niemals hätte er erwartet, dass sie gleich ja sagen würde. Ihr Mut imponierte ihm. Er wunderte sich ein bisschen, dass sie die Feiertage nicht mit ihrer Familie verbringen wollte, aber er fragte nicht nach.

Über ihre Familie redete sie wenig: er hatte den Verdacht, dass damit etwas nicht stimmte. Was sie erzählt hatte, klang nach kleiner Familie, ein Bruder im Ausland, keine Onkel und Tanten, keine Cousins, keine Nichten und Neffen. Unvorstellbar für Hubert. Kam ihm das nur so vor oder starben die Wiener aus, weil sie sich nicht fortpflanzten? Ihm schien Kärnten sehr familien- und kinderreich und Wien dagegen wie eine riesige Seniorenresidenz. Aber das konnte mit dem 20. Bezirk zu tun haben, wo er lebte.

Im Frühsommer verfärben Kalkpartikel das Wasser des Sees türkis – viele erinnerte das an die Farbe des Karibikmeers. Er liebte Kärnten, im Winter und im Sommer gleichermaßen. So viele landschaftliche Anreize wie Seen, Berge und die vielen Sonnenstunden, gab es nur hier. Wien hatte zwar auch seine Gewässer, aber die Wiener konnten alle nicht Eislaufen, und in die Alte oder Neue Donau gingen nur die Einheimischen schwimmen, die nichts Besseres kannten.

Er erinnerte sich daran, mit Hannah vor einer Zoologiestunde am Wasserpark gewesen zu sein, unweit seiner Studentenbude. Der ewige Hochnebel hielt Wien fest umklammert, es war windig und hatte knapp unter

Null, was reichte, um ihnen die letzte Wärme aus den Jacken zu blasen, aber nicht genug war, das Wasser zum Gefrieren zu bringen. Er konnte sich nicht mehr daran erinnern, was er mit ihr dort wollte, der Wasserpark zeigte sich jedenfalls von seiner hässlichsten Seite – schmuddiggraue, von Vogelkot durchlöcherte Schneefelder, gut zwanzig Schwäne in beleidigter Körperhaltung am Ufer, umgeben von einem dichten Teppich aus Maiskörnern, Semmeln und Brotstücken. Als Krönung kam noch eine schmuddelige alte Frau mit einem Kinderwagen und kippte den Inhalt – es müssen gut und gerne zehn Kilo Mais gewesen sein – mit einem lieblosen Tritt gegen das Gestell des Wagens ans Ufer. Hannah musste lachen, überrascht und wegen der Situationskomik, aber mit einem Mal schrie sie wie am Spieß, weil eine fette Ratte über ihren Fuß gelaufen war. Übereilt brachen sie auf, liefen davon und dann lachte sie wieder und wieder über diese skurrile Situation mit dem Kinderwagen und der Ratte, während er zerknirscht schwieg, weil es ihm so peinlich gewesen war, sie an diesen schrecklichen Ort geführt zu haben. Jetzt kann er auch darüber lachen, versteht plötzlich die Komik, fast ein halbes Jahr zu spät. Lachen unter Wasser ist schwierig, denn wenn sich das Gesicht verformt – vor allem der Nasen-Mund-Bereich – wird die Maske undicht und Wasser tritt ein. Auch keine Tragödie.

Er treibt jetzt auf dreizehn Meter Tiefe nur einen Meter über Grund dahin, es ist eine Kunst, den Flossenschlag so zu steuern, dass kein Sediment aufgewirbelt wird. Hubert macht ganz kleine, kreisende Bewegungen mit den Fußgelenken, sodass die äußersten Ecken der Flossen Achterschlaufen beschreiben; man muss schon sehr gut tauchen können um solche Tricks zu beherrschen. Hubert kennt all diese Tricks. Er kann sogar unter Wasser schlafen, das ist ihm vor zwei Jahren in Kroatien passiert.

Hier unten ist es schon sehr dunkel, er hat keine Lampe. Aber den Baum wird er schon finden und das Gelb des Matchboxautos ist bis zu einer Tiefe von dreißig Metern sicher noch zu sehen; das weiß er aus der Tauchphysik.

Endlich sieht er den Baum, blickt auf seinen Tiefenmesser und stellt fest, dass er sich auf fünfzehn Meter Tiefe befindet, sehr weit vom Steg entfernt. Der Baum liegt auf der Seite, einige Äste tauchen tief in den Schlamm ein. Das Gerippe ist mit Fäden behangen, teilweise Algenreste, aber auch Lametta. Es sieht schaurig aus, wie uralte Spinnweben in einem Draculafilm. Vorsichtig beginnt Hubert zu suchen, umkreist den Baum, jetzt ganz besonders konzentriert darauf, keinen Schlamm aufzuwirbeln. Er atmet gleichmäßig, aber flach, um nicht zu sehr in der Höhe zu schwanken. Der Schlamm ist braun, hie und da durchlöchert von Steinen und Algenmatten. Es ist ein trauriger Anblick. So schön der Frühling über Wasser ist, hier unten war er trostlos. Ganz anders der Winter, wenn das Wasser unter der Eisschicht glasklar ist.

Als Hannah zu Weihnachten da gewesen ist, hat ihn ihre Tüchtigkeit beeindruckt. Er hat nicht zu träumen gewagt, dass sie sich so begeistert in den Betrieb einfügt. Nur einen freien Tag hatte sie gehabt, jenen Sonntag, als sie zusammen im Hochstand waren. Es war die einzige Möglichkeit gewesen, zu Hause hätte er nicht können, und er hatte das Gefühl, sie wartete darauf, dass er die Initiative ergriff. Damals hatten sie sich immerhin schon mehr als drei Monate gekannt. Sonst ließ er den Frauen nicht so viel Zeit. Mit Angelika war er schon vier Wochen nach ihrem Kennenlernen dort gewesen. Immer im Hochstand auf der Lichtung vor der Gurk, das war nicht besonders einfallsreich. Aber Mutter billigte vorehelichen Geschlechtsverkehr aus Glaubensgründen nicht, und sein Beitrag dazu war, ihn nicht unter ihrem Dach, sondern außer Haus stattfinden zu lassen. Angelika hatte an dem Tag in der Fleischerei zu Arbeiten begonnen, an dem Hannah abreiste. So gesehen war er nicht gerade ein Kind von großer Traurigkeit.

Schon einen Tag nach der Sache im Wald war Hannah nach Hause gefahren. Nachdem er ihr das Geld gegeben hatte, sagte sie gar nichts mehr außer: „Du verstehst nichts." Aber erklären wollte sie ihm nichts. Hubert ärgerte sich darüber, hielt sie aber nicht auf. Sie ließ die Verabschiedung von seinen Eltern über sich ergehen, nahm von seiner Mutter ein drei Kilo schweres Geschenkpaket voll Fleisch und Wurst entgegen für ihre Eltern und sich selbst, für den Fall „... dass sie wieder auf den Geschmack gekommen sei." Still und leidend saß sie neben ihm im Auto, als er sie zum Bahnhof führte, das Wurstpaket auf ihrem Schoß wie eine Erbschuld.

Jetzt fällt ihm wieder ein, wann sich das Gespräch mit der Kärntner und der Wiener Landeshymne ergeben hat. Das war am Silvestertag gewesen als sie Sekt und Kaffee tranken, und im Hintergrund sang im Radio ein Kinderchor das Kärntner Heimatlied. Das war ganz kurz, bevor sich herausgestellt hatte, dass Tante Ingrid Hannah zum Narren gehalten hatte. Das tat sie immer. Lehrmädeln und -buben das Gefühl geben, ihnen eine besondere Aufgabe zuzutrauen, und in Wirklichkeit waren es immer die Tätigkeiten, die sie nicht ausstehen konnte: Kaasnudeln krendeln, Schweinsköpfe verzieren, Fleischknödel machen. Seine Eltern behaupteten immer wieder, das Verschlagene an Tante Ingrid sei typisch wienerisch, und sie sprechen gerne abfällig über sie. Aber darin war sie gut. Natürlich war es nicht nett, über Hannah zu lachen, aber zuerst diese begabten Schweinsköpfe, und dann noch der Clou mit der Vegetarierin. Er spürt, dass er schon wieder lachen muss. Warum nicht, hier unten beobachtet ihn niemand und keiner kann ihm deswegen böse sein. Er sieht die Sauschädel direkt vor sich, unten im Verkauf hatten sie schon ihre Hetz gehabt. Als der Gesell mit dem Tablett runtergekommen war, hat sein Onkel losgeprustet: „Schau mal Hubert, wie scheen dei Vegetarierin die Schweinskepf verziehrt. Mit'm Weaner Bazi Schmäh."

Hubert lacht auch jetzt, ohne Rücksicht auf Verluste, spürt, wie die Tauchermaske sich trotz Silikon und ausgeklügelter Form plagt, den Veränderungen der Mimik nicht folgen kann, Falten schlägt. Das eiskalte Wasser tritt in kleinen Mengen unter die Brille, ein dünnes Rinnsal kriecht hin zum den Tränensäcken, die Brille beschlägt sich wieder. Macht nichts. Sogar ein ungeübter Taucher muss seine Brille unter Wasser ausblasen können.

Da sieht er auch das gelbe Auto im Schlamm stecken; der Heckspoiler steht heraus. Unglaublich – er hat es tatsächlich gefunden. Er greift danach, eine Schlammwolke folgt dem Spielzeug, fast, als wolle der See das Auto nicht preisgeben. Er lacht immer noch, herzlicher als vorhin, jetzt noch dazu aus Freude über die Freude, die er dem Patenkind machen wird. Er macht sich bereit für den Aufstieg, lacht dabei weiter, plötzlich dringt das kalte Wasser in die Mundhöhle, er weiß nicht wohin damit, das Lachen reißt abrupt ab, er verschluckt sich, beginnt zu husten, und da spürt er, wie sich seine Kehle zuschnürt. Es fühlt sich an, als würde er von innen erwürgt werden. Eine entsetzliche Hilflosigkeit macht sich breit. Er greift nach seinem Hals, so, als könne er die Umklammerung lösen, kann nicht atmen, versucht ruhig zu bleiben. Das ist seine Stärke. Er weiß, was zu tun ist. Auch jetzt, er weiß, dass er einen Stimmritzenkrampf hat und die Luft weder rein noch raus kann. Seine Stimmbänder haben sich zusammengeschlossen und versiegeln die Stimmritze. Wenn er jetzt auftaucht, wird die Luft sich in seinen Lungen ausdehnen und sie zu platzen bringen. Panisch sucht er in seinem Gehirn nach Lösungen. Es fällt ihm ein Tauchbuch ein, eine linke Seite mit Überschrift Stimmritzenkrampf (Laryngospasmus) mit drei Unterpunkten. An den ersten erinnert er sich gleich. Der Tauchpartner soll den Betroffenen festhalten bis der bewusstlos wird – dann lässt der Krampf nach. Kommt leider nicht in Frage. Was noch. Esmarch-Handgriff – Vorschieben des Unterkiefers durch die Hilfsperson, während der Betroffene den Kopf in den

Nacken beugt. Die Worte tanzen vor seinen Augen; da war auch ein Bild, eine Skizze. Er legte den Kopf in den Nacken und zog wie wild an seinem Unterkiefer, das sich nicht gut angreifen lässt. Die Luft wird knapp. Er ist immer lange Strecken mit angehaltener Luft getaucht. Zwanzig Meter. Dreißig Meter. Fünfzig Meter. Er kennt das Brennen und Pulsieren in der Lunge, wenn der Sauerstoff knapp wurde, und das Bedürfnis, um sich zu schlagen, wenn fast nichts mehr da war. Aber er weiß, von da geht noch Einiges. Er hat noch gut dreißig Sekunden, bis er ohnmächtig wird. Fünfzehn Sekunden würde er sich noch geben, dann muss er einen Lungenriss riskieren. Wenn er hier unten bewusstlos wird, würde er frühestens in zwei Tagen gefunden werden. Oben hat er noch irgendeine Chance. Jetzt erst kommt die Verzweiflung. Er muss. Leben. Irgendwie. Da war noch ein Weg. Der dritte Punkt. Was stand dort. Genau. Man soll den Betroffenen in den Magen schlagen; wozu das gut sein soll, hat er vergessen, aber es wirkt vielleicht. Er holt er mit der Rechten aus, führt sie gegen den Wasserwiderstand durch das Blau und schlägt sich mit aller Wucht in den Magen, während er mit der Linken immer noch am Unterkiefer zerrt. Bitte, denkt er, bitte. Der Schmerz ist erstaunlich effizient, und wie durch ein Wunder weichen die Stimmbänder wieder auseinander, der innere Würgegriff lässt nach. Gierig saugt er am Lungenautomaten, ein hässliches Röcheln erfüllt die Stille. Das Geräusch erschreckt ihn, er ist leises, verhaltenes Atmen gewohnt. Mit rasendem Herzen sieht er sich um, nichts als aufgewirbelter Schlamm um ihn, wären da nicht die Bläschen, er wüsste nicht wo oben und unten ist. Im Todeskampf hat er nicht mehr auf die Tarierung geachtet und war in den Schlamm gesunken. Seine Rechte ist zur Faust geballt, noch immer hält er das kleine Auto in der Hand. Zum ersten Mal in seinem Leben hat er Angst vor der Tiefe, vor dem Wasser, vor der kalten Dunkelheit da unten. Schnell und unelegant rudert er mit den Flossen, wirbelt noch mehr Sediment auf, gräbt eine kleine Grube in den Kies, der unter dem Schlamm beginnt. Er sieht nichts, aber egal, er muss dorthin, wo auch die Luftblasen hingehen. Endlich hebt er vom Boden ab und es geht zügig hinauf, ein kurzer Blick auf den Tauchcomputer verrät ihm, dass er sich keine Sorgen um Dekomprimierung machen muss sondern gleich auftauchen darf. Jetzt endlich haben ihn die alten Mechanismen wieder, er macht einen, wenn auch raschen, Bilderbuchaufstieg, Blick nach oben, Hand voraus, dem Licht entgegen. Oben schießt er aus dem Wasser, schwimmt direkt an der Oberfläche zurück zum Bootshaus, es dauert viel zu lange, obwohl er schnell und mühelos schwimmt, die Muskeln vollgepumpt mit Adrenalin. Er kann es gar nicht erwarten wieder festen Boden unter den Füßen zu spüren.

Endlich ist er beim Bootshaus angelangt, zieht sich die Flossen aus und schleicht hinein, fast hat er Angst, dabei erwischt zu werden, dass er alleine im Wasser war. Zitternd legt er seine Ausrüstung ab, zieht sich den Unteranzug aus, verstaut alles und schlüpft eilig in sein Gewand. Sein Körper ist mit Gänsehaut überzogen. Das Matchboxauto steckt er mit einem vorsichtigen Lächeln in seine Hosentasche. Seine Haare sind am Ansatz nass und er weiß auch ohne Spiegel, dass die Haube des Trockentauchanzugs rote Ränder in seinem Gesicht hinterlassen hat. Still nimmt er auf dem Bootsrand Platz und reibt sein Gesicht in der Hoffnung, dass die Striemen vergehen. Er will sich vor seiner Familie nicht erklären. Seine Muter würde einen Riesenaufstand machen, wenn sie wüsste, dass er alleine tauchen gegangen ist, wegen eines Matchboxautos. Auch Angelika hätte kein Verständnis.

Weil er noch warten muss, sitzt er nur da und reibt sein Gesicht. Es ist schön, am Leben zu sein. Er wird wieder tauchen gehen, natürlich. Aber nicht mehr allein. Fast wäre er gestorben, sein Körper weißlichblau neben dem Christbaum, kalt und aufgeschwappt. Nächstes Jahr wäre dann der Baum für ihn versenkt worden. Ihn fröstelt. Kleine Wellen klatschen gegen das Kiesufer. In seinem Ohr klingt eine Melodie, verwundert versucht er sie zu erkennen, tatsächlich, es ist das Kärntner Heimatlied. Langsam dämmert ihm, was ihm zuletzt durch den Kopf gegangen ist und warum er Wasser geschluckt hat – und da fällt es ihm wieder ein. Es war die Freude über das Auto gewesen, aber davor Schadenfreude auf Hannahs Kosten. Die beiden Ereignisse hintereinander öffnen ihm plötzlich die Augen. Seine Vorfreude auf die Freude des Kindes. Die große Familie am Tisch, Hannah ein Teil davon. Und dann der Betrug, die geballte Schadenfreude. Alles war so klar. Hannah wollte Teil der Familie sein und nicht bezahlt werden. Es war eine Kränkung, kein Vertrag. Jetzt erst versteht er, was Hannah so verletzt hat. Sie hat sich benutzt gefühlt, und das, obwohl sie sich besondere Mühe gegeben hat. Sein Mund steht offen. Das hätte er schon früher verstehen müssen. Er muss sich entschuldigen. Jetzt gleich. Es war nicht zu spät. Wer weiß, ob Angelika wirklich so toll war. Mit Hannah war das Leben aufregend gewesen, nicht so vorhersehbar, nicht so abgegriffen. Auch im Hochstand hatte sich Hannah besser angefühlt als Angelika, die so weich und schlaff war.

Er will gleich anrufen, springt auf, läuft aus dem Bootshaus, über die Wiese ins Haus, dort schleicht er sich dann durchs Vorzimmer zur Garderobe.

180

Aus der Küche kann er Stimmen hören, und Radiogedudel, schon wieder das Kärntner Heimatlied, das gibt's ja nicht, spielen die gar nichts anderes mehr? Angelika spricht über Ostereier, seine Schwester murmelt Zustimmendes dazwischen. Auf Zehenspitzen schleicht er zu seiner Jacke und sucht nach seinem Handy, plötzlich hört er Schritte, dreht sich um, Angelika steht vor ihm. Ihre Backen leuchten rot, sie sieht so gesund aus, es tut ihm so leid, was eigentlich? Sie läuft auf ihn zu, ein Osternest in der Hand.

„Ich hab dich gar nicht kommen gehört", sagt sie atemlos.

„Ich wollte nicht stören", antwortet er. „Ich muss kurz telefonieren", fügt er hinzu.

„Später. Zuerst musst du dein Ostergeschenk aufmachen", sagt sie eifrig.

„Angelika, der Anruf…"

Sie sieht schrecklich gekränkt aus. „Also gut", sagt er.

Das Nest ist aus grünem Papiergras, das ein Strohkörbchen auskleidet. Sie hat sich viel Mühe gegeben. Im Nest liegen ein violettrotes und ein blaues Ei, marmoriert glänzend, ein Schokoladeriegel, ein Lindt Osterhäschen und ein Kuvert. Er zeigt auf das Kuvert, blickt sie fragend an, sie nickt, ist aufgeregt wie ein Kind, er wird furchtbar nervös, weil sie so ein Theater um das Nest macht und er im Gegenzug kein Geschenk für sie hat. Im Kuvert ist ein länglicher, harter Gegenstand, wie ein Stift. Er reißt es auf, darin ist tatsächlich eine Art Stift, nur breiter, er nimmt ihn heraus, keine Mine, nur ein kleines Fensterchen mit einem blauen Plus.

Viel zu lange braucht er, um zu verstehen, aber dann bricht die Gewissheit über ihn herein. Er wird Vater. Bald. Sie zappelt und wackelt, kann es gar nicht erwarten, dass er endlich Freude zeigt. Unter Schock verzieht er seinen Mund zu einem Lachen, es ist nicht echt, aber Angelika gibt sich damit zufrieden, springt ihn an, fällt ihm um den Hals und erdrückt ihn fast. Er schließt die Augen.

„Wir schaffen das", sagt sie atemlos. „Wir können beim Haus deiner Eltern anbauen."

„Ja", sagt er leise.

„Freust du dich eh?", fragt sie atemlos in sein Ohr.

„Aber natürlich", gibt er zurück.

„Frohe Ostern", haucht sie.

Danksagung

Danken möchte ich
meinem Mann Helge für seinen Glauben an mein Talent und für seine
    bedingungslose Unterstützung;
meinen Eltern für Gene, frühe literarische Prägung und Bestätigung;
meinen Freundinnen und Freunden für Ermunterung und Stoff;
meinem Verleger für Aufgeschlossenheit und tolle Zusammenarbeit;
und, nicht zu vergessen:
meiner Freundin Andrea „Adlerauge" Kargl, die nicht müde wird, all meine
    Texte zu sichten und korrigieren – egal wie schnell es gehen muss und
    wie viele Versionen ich ihr vorlege.

Über die Autorin

Gertraud Klemm, geboren 1971 in Wien, verbringt ihre Jugend und Studienzeit in Baden und Wien. Nach einem Biologiestudium und ein paar Jahren Berufserfahrung im naturwissenschaftlichen Bereich besinnt sie sich auf ihre musischen Wurzeln.

2003 gewinnt sie den 7., 2004 den 3. und 2005 den 4. Platz im FM4 Literaturwettbewerb *Wortlaut*. Im Jänner 2006 gründet sie das Literaturforum *Wortreich* und beginnt mit der Ausbildung zur Schreibpädagogin. Seit 2004 veröffentlicht sie immer wieder in Anthologien und Literaturzeitschriften.

Gertraud Klemm lebt mit ihrem Mann und ihrem Kind in Baden bei Wien. Höhlenfrauen ist ihr erster Erzählband.

Bisherige literarische Veröffentlichungen:
Wortlaut. Der FM4-Literaturwettbewerb: die besten Texte. Herausgegeben von Zita Bereuter und Pamela Rußmann, erschienen beim Literaturverlag Luftschacht 2005.
Wortlaut 05. Der FM4-Literaturwettbewerb. Herausgegeben von Zita Bereuter und Pamela Rußmann, erschienen im Literaturverlag Luftschacht 2005.
Höhlenfrauen. Erzählung. Literaturzeitschrift Der Sperling, März 2006.

Bisherige literarische Preise:
7. Platz Wortlautwettbewerb FM4 2003, Österreich: *Innere Sicherheit* (im vorliegenden Band unter dem Titel *Die braune Couch*).
3. Platz Wortlautwettbewerb FM4 2004, Österreich: *Vegas, Baby*.
4. Platz Wortlautwettbewerb FM4 2005, Österreich: *Der Sargträger* (erschienen unter dem Pseudonym Caroline Schiel).